오늘도 출근하는
나에게

"앞날에 대한 희망은 미래에서 오지 않는다.
오늘의 나에게서 온다."

일과 삶의 주도권을 잡고 성장하는 법

# 오늘도 출근하는 나에게

스테르담 지음

다른
상상

## 오늘도 묵묵히 출근하는
## 우리들의 품격에 대하여

직장인에게도 '품격'이 있을까? 한 달 벌어 한 달 사는 존재. 그 기구한 운명 속에 사는 우리가 품격이란 단어를 생각해낼 수 있을까.

돌이켜보면 어렸을 적 내 꿈은 월급 받는 직장인이 결코 아니었다. 그렇다고 직장인을 폄하하는 건 아니다. 아니, 오히려 그 고됨과 대단함을 두루 되짚고 알리고 싶은 마음이 나를 모니터 앞에 앉게 했는지 모르겠다. 직장인이란 단어와 품격이란 단어를 놓고 한참을, 몇 날을 그렇게 멍하니 앉아 있었다. 어디서부터 뭘 시작해야 하며, 도대체 무슨 말로 이어나가야 할지 막막했다. 그럼에도 자나 깨나 머릿속엔 두 단어가 꾸물댔고, 뭐라도 써보라며 자꾸만 내 등을 떠밀었다.

직장인이란 단어는 한없이 가벼우면서도 무겁다. 월급에 팔랑이는 인생 같지만, 그 깊이와 뼈저림은 결단코 묵직하다. 원하지 않는 일을 하며 툴툴대지만, 자신의 일을 해내는 모습은 사뭇 진지하다. 월급쟁이라고 스스로를 비웃거나, 같은 처지의 다른 이를 긍휼히 여길 필요 없는 이유가 여기에 있다.

길다면 길고 짧다면 짧은 직장 생활을 해오면서 왜 갑자기 품격이란 말이 떠올랐을까? 어쩌면 직장인과 품격이라는 말이 상충하기 때문인 것 같다. 품격 없는 삶을 감당해야 하는 게 우리 직장인이기에, 그 결핍에 의한 갈망으로 두 단어를 나란히 놓고 싶었는지도 모르겠다.

품격은 대개 '마음의 여유'와 관계되어 있다. 여유가 있으면 품격을 유지할 수 있고, 그 여유는 대개 경제력에서 나온다. 월급쟁이는 마음의 여유가 그리 많지 않은 사람들이다. 물리적인 경제력이 뒷받침되더라도 당장 내일 직장을 다니지 못하게 된다면 마음이 요동하지 않을 사람이 없다. 그러니 직장인이 품격을 가지고 있기란 그리 쉬운 일이 아닌 거다.

나는 당장 '직장인에게 품격은 있을까?'란 질문에 답을 할 수가 없다. 생각에 생각을 거듭하고, 글자 하나하나를 쓰며 나와 주위를 돌아볼 생각으로 질문을 던졌을 따름이다. 질문은 답을 찾아가는 여행이고, 나는 내가 어디로 가고 있는지 궁금하다. 인생이 여행이라면, 질문에 질문을 이어가며 그 여정을 즐기고 방향을 가늠하는 것이 좋겠다는 생각이다.

　인생의 묘미는 '불확실성'에 있다. 직장인의 그것은 더하다. 하루아침에 어떻게 될지 모르는, 가련하면서도 익사이팅한 그 운명은 다름 아닌 우리의 것이다. 우리는 누군가의 인생의 불확실성을 속단하고, 불확실성이 덜해 보이는 사람들을 부러워하곤 한다. 하지만 불확실성이 없는 삶은 없다. 다만 내 것이 더 불확실해 보일 뿐.

　나는 지금부터 하루하루 직장인으로서의 삶을 곱씹어보려 한다. 그날의 떠오르는 단어나 사건, 경험, 생각 그리고 느낌들. 롤러코스터와 같이 요동하는 그 삶 속에서 직장인의 '품격'을 찾아보려 한다. 찾아서 무얼 하냐는 질문에 당장은 대답을 보류한다. 잘 모르니까. 다만 그것을 찾아가는 과정을 즐기고 싶다.

여행의 목적은 딱 떨어지는 답을 찾는 데 있지 않다고 생각한다. 그 과정에서 어떤 것을 발견하고 무엇을 느낄지는 아무도 모르니까. 직장인인 나도 내가 왜 직장인인지, 품격은 장착했는지 여전히 모르니까. 그저 그 과정을 묵묵하고 치열하게 즐겨보려 한다.

직장인의 삶 어딘가에서

스테르담

CONTENTS

# 1장

# 내가 일하면서
# 마음에 새긴 것들

내가 가진 가장 큰 행운은
현재에 집중하며 포기하지 않았던 것이라고.

# 어떤 하루는 비장하고
# 어떤 하루는 비루하다

'통근'은 하루를 시작하는 길이다.

사람들의 모습은 비장하면서도 비루하다. 가족을, 또는 자신을 건사하기 위해 내딛는 발걸음은 그렇게 비장하다. 하지만 반복되는 일상에 지쳐 꾸역꾸역 회사로 향하는 모습은 비루하기 그지없다.

나의 출근길도 마찬가지다.
하루는 비장하고, 또 하루는 비루하다.

직장인으로서의 일상은 그렇게 반복된다.

정해진 시간, 통근버스에 올랐다. 거리로 10km. 약 40분이 걸리는 출근길은 잠자기엔 짧고 깨어 있기엔 뭔가 아쉽다. 하루는 마음을 차분히 해주는 음악을 듣고 또 하루는 어학 코스를 듣는다. 때론 아무것도 듣지 않고 생각에 잠기기도 한다. '아무 생각도 하지 말아야지' 할 때도 있다.

잠에서 깬 지 얼마 안 된 나와 직장이라는 전쟁터 사이에는 그렇게 통근이 있다. 잠시간 주어진 여유에 고마운 마음이 들면서도, 정해진 경로를 이탈하지 않고 곧이곧대로 향하는 통근버스가 야속하기도 하다.

나를 태운 통근버스는 홍대를 가로질러 간다. 지난밤의 여운이 가시지 않은 사람들이 곳곳에 보인다. 아침 7시 30분과는 어울리지 않는 복장. 비틀거리는 걸음걸이. 삼삼오오 모여 담배로 지난밤의 시간을 마무리 짓는 사람들. 문득 '젊음'이라는 단어가 떠올랐다. 이런 모습이 젊음이라고 단정 지을 순 없지만, 분명

젊기에 가능한 일이기도 하다. 걱정보단 부러움이 좀 더 커지는 마음을 뒤로하고 통근버스는 나아간다.

서강대교를 지나면 마음이 한층 가벼워진다. 한강 때문이다. 탁 트인 한강은 무거운 마음을 부력으로 떠오르게 한다. 날씨가 좋을 땐 물 표면에 반짝반짝 빛나는 햇살이 나를 응원한다. 비가 올 땐 자욱한 물안개가, 직장인은 마음을 차분히 할 필요가 있다고 일러준다. 통근길에 한강이 있다는 건 작지만 큰, 사소하지만 예사롭지 않은 호강이다.

서강대교 끝에서 통근버스가 좌회전을 하면 나는 다짐한다. 또다시 시작될 하루. 똑같이 반복될, 직장인으로서의 뻔한 하루지만, 그 안에서 새로움과 배움, 그리고 의미를 찾아보려 발버둥 치자고.

나는 스스로 부지런하다고 생각해본 적이 없다. 하지만 통근의 '근'자가 '부지런할 근(勤)'이란 걸 알고 생각이 달라졌다. 직장인인 우리는 스스로를 작은 존재로 치부하기 일쑤지만, 우리는 생각보다 대단한 존재인 것이다. 통근하는 그 자체로 우리는 부지런하다는 것을 증명하고 있다. 고로 통근하는 모든 존재는 부지런하다. 나도, 당신도.

# 버티기는
# 우리 모두의 필살기가 되어야 한다

"나는 저분처럼 될 거야. 저분은 나의 워너비! 요즘은 얇고 길게 가는 게 더 낫다니까?"

우리 회사를 약 30년간 다니시다 정년퇴임하시고, 계약직으로 남아 계신 부장님을 보며 회사 동료가 말했다. 그 말의 뉘앙스는 정확히 두 갈래로 쪼개져 한 귀로는 진심이, 또 한 귀로는 조소(嘲笑)가 전해졌다. 솔직히 회사 동료가 그런 의도로 말한 것인지, 내가 그렇게 받아들인 건지는 분명치 않았다.

잘 되어봤자 회사원. 그리고는 '사오정'. 인생 2막에 무얼 해야 할지 막막하기만 한 사람들. 바로 우리들의 자화상이다.

이러한 상황에서 '버티기'는 어쩌면 미덕일지 모른다. 초반부터 이건 아니다 싶어 뛰쳐나가거나, 다니던 중간에 더럽고 치사하다며 나가는 사람들을 제외하면, 버티기는 우리 모두의 필살기가 되어야 한다.

가장 고도의 기술은 '젖은 낙엽' 스킬이다. 젖은 낙엽은 땅에 달라붙어 빗자루로 쓸어도 잘 쓸리지 않는다. 마른 낙엽들이 어느새 저 멀리 사라질 때, 젖은 낙엽은 흡사 땅과 하나된 듯 요동하지 않는다. 이런 건 교과서에 나오지 않는다. 학생 때 배운 수많은 과목 중에, 버티기를 알려주는 과정이 없다는 게 놀라울 뿐이다. 이 중요한 걸, 정작 필요한 이 기술을 가르치지 않는 우리 교육 문화에 문제가 있는 게 아닐까 싶다.

그런데 버텨보니 알 것 같다.
버티기는 비겁한 게 아니었다. 수동적인 것도 아니었다.

버티기도 결국 나의 선택이었다.

소중한 걸 지키기 위한 몸부림.

나 스스로를 성장시킬 수 있는 발판.


버티다 보면 알게 모르게 근육이 생긴다. 버티기는 '작용에 대한 반작용'이기 때문이다. 반작용이 커지면 커질수록 버티는 근육은 강해진다. 버티다 보면 새로운 것이 나타나 나를 안내하기도 하고, 정말로 내가 원하던 걸 하게 되는 경우도 생긴다.


오랜 기간을 버티고도 계약직으로 더 연명하고 계신 그 부장님의 내공을 나는 상상할 수가 없다. 그저 존경스럽기만 하다. 남을 의식하거나, 자괴감에 빠졌다면 결코 할 수 없는 일이다. 한참 어린 임원 후배의 지시를 받아야 하고, 똥차 취급하는 주위 사람들의 시선도 감내해야 한다. 그러니 그분의 '버티기 근육'은 감히 내가 미루어 짐작할 수 없을 정도로 단단할 것이다.


신입 사원 때 하기 싫었던 업무, 내가 원하지 않았던 분야, 상식 밖의 행동을 하는 선배들 때문에 퇴사를 고민한 적이 있었다.

객관적으로 생각해봐도, 지금에 와서 생각해봐도 그때의 나를 충분히 이해할 수 있다. 퇴사를 해도 전혀 이상하지 않은 상황이었다.

하지만 타임머신을 타고 돌아가 그때의 나를 만난다면 난 나 자신을 와락 안아주고 싶다. 그리고 정말 잘 버텼다며 어깨를 토닥일 것이다. 지금 내가 가진 희망 그리고 소중한 주위 사람들은 내가 그때 포기하지 않고 얻은 산물이다. 버팀으로써 얻은 것이 너무나 많은 거다. 그리고 지금도 버틸 수 있는 기초 체력은 그때의 버티기로부터 왔다고 자신 있게 말할 수 있다.

뭔가 확실하지 않을 때, 어떤 길로 갈지 알 수 없을 때,
내가 하고 있는 일이 맞는지 의문이 들 때,
난 계속해서 버텨보려 한다.
근육을 좀 더 단련시켜야 한단 마음으로,
아직도 배울 것이 천지라는 자세로.

버티지 못하는 순간이 온다면, 그때는 내가 다른 것을 해야
한다는 신호일 테니 버티는 것에 대한 회의를 접기로 한다. 이러
든 저러든, 모든 것은 결국 내 선택임을 잊지 않으면서.

## 반복을 통해
## 얻을 수 있는 것들

'반복'은 저주일까?

시시포스는 큰 돌을 가파른 언덕 위로 굴려야 한다. 정상에 오르면 돌은 다시 밑으로 굴러 내려가 버린다. 그래서 처음부터 다시 돌을 밀어 올려야 한다. 아래로 굴러 내려간 돌을 바라보는 시시포스의 서글픈 눈빛이 그려진다. 터덜터덜 내려와 그것을 다시 밀어 올리는 뒷모습을 생각하면 측은한 마음이 눈앞을 가린다.

영화 〈닥터 스트레인지〉에서 닥터 스트레인지는 시간을 조정해 영원히 반복되는 타임 루프(time loop) 속에 도르마무를 가둔다.

"도르마무! 거래를 하러 왔다!"

도르마무의 존재감은 절대적인 공포 그 자체다. 멀쩡한 세계를 '어둠의 차원'으로 만든 장본인이자, 수천 개의 차원을 식민지로 둔 존재다. 그런 도르마무도 스트레인지가 반복이라는 루프에 자신을 가둔 걸 알아차리고는 백기를 들고 만다. 시시포스가 돌을 밀어 올리는 데자뷔라도 본 걸까? 이쯤 되면, 반복의 힘이 얼마나 큰지 알 수 있다. 무한한 반복에 대한 두려움 앞에선 인간을 넘어서는 존재도 무릎을 꿇고 만다.

나도 그렇다. 매일 정해진 시간에 일어나 양치를 하고 세수를 한다. 같은 시간에 통근버스에 오르고, 비슷한 시간에 사무실에 도착해 일을 시작한다. 위로부터 오는 압박과 아래로부터 오는 스트레스는 무한 반복이다. 매출은 오르락내리락 입사 때와 똑같다. 월급은 오른다고는 하지만, 차이를 실감하기 어려워 매년 '다른 그림 찾기' 하는 기분이다. 반복되는 출퇴근은 사계절 날씨에 따른 복장 변화만 있을 뿐 그저 똑같다. 나는 무한루프 속에 갇힌 '반복을 반복하고 있는 존재'다. 시시포스나 도르마무와 견주어도 손색이 없을 만큼.

그래서 다들 여행을 가고, 취미를 찾아다니거나 때론 이직과 퇴사를 한다. 다른 어딘가에는 좀 더 괜찮은 무엇이 있을 거라는 기대, 이렇게 반복만 하다 보면 숨 막혀 죽을 거란 두려움이 우리의 등을 떠미는 것이다.

하지만 생각해보면 난 시시포스나 도르마무와는 다르다. 그들의 반복은 '영원'을 전제로 하지만 나의 반복은 그렇지 않다. 난 언젠간 퇴사나 은퇴를 하게 된다. 그리고 언젠간 죽는다. 이 형벌(?)을 더 받고 싶어도 그러지 못할 날이 온다는 것이다. 이렇게 생각하니 관점이 바뀐다. 과연 내가 지금 하고 있는 반복의 의미는 뭘까?

'과정'이란 말이 떠오른다.

시시포스와 도르마무에게 주어진 반복은 '끝'이었다.

그래서 그것은 저주였다.

하지만 유한한 내게 주어진 반복은 과정이다.

반복은 나에게 '생활 근육'을 선사했다. 반복을 통해 일을 습득하고, 각 상황에 유연하게 대처할 수 있는 경험을 갖추게 되었다. 반복이 주는 안정감도 무시할 수 없다. 우리가 여행을 떠날 수 있는 건, 돌아올 일상이 있기 때문이다. 반복되는 일상은 나를 숨 막히게 하지만, 반대로 그 일상이 오늘도 내가 숨 쉬고 있음을 깨닫게 해준다.

오늘 하루가, 지금 이 순간의 반복이 소중한 이유다.

# 우리를 구해줄
## 어벤져스는 누구일까

영화 〈어벤져스-인피니티 워〉에서 타노스가 손가락을 튕겼을 때 난 직장에 다니는 우리 모두를 생각했다. 사라져가는 지구와 우주의 생명체들. 그리고 회사의 규모나 성쇠에 따라 요동하는 직원 수. 개체 수를 문제 삼아 그것을 줄여나가는 여정이 소스라치게 겹쳐 보였다. 누군가의 손가락 지시 하나면, 10만 명의 직장인 개체 수는 충분히 5만 명이 될 수 있다. 구조 조정이 일어날 수도 있고, 생산지가 이전될 수도 있다.

내가 몸담고 있는 회사는 실제로 몇 년 전, 각종 경비 시스템을 구축하고는 사람들을 대규모로 줄인 적이 있다. 누군가 해주던 일을 내가 하게 되면서, 나와 시스템은 '열일'하게 되었고 사람은 여지없이 줄었다.

눈에 보이지 않는 '건틀릿'을 가진 사람은 직장 내에 분명 존재한다. 직장인으로서 회의를 느낄 때는 바로 내 의지와는 상관없이 그들에게 휘둘릴 때다. 영화에선 사라지면 그만인 존재들이지만, 현실을 살아가는 우리는 그렇지 않다. 이리 가라고 하면 이리 가고, 저걸 하라면 저것을 해야 한다. 어느 날 갑자기 먼 이국땅으로 발령이 나면, 가족의 미래가 걱정되어도 우선 함께 나가야 한다. 그러다 언젠가 회사의 개체 수를 줄여야 할 땐, 안심하지 못할 존재가 되는 것이다.

개인과 회사는 생존이라는 공통 목표를 가지고 있다. 하지만 그 생존법은 다르다. 개인은 언제나 약자다. '인재'로 불리거나 '개체 수'로 불리는 건 한 끗 차이다. HR(Human Resource)도 무서운 말이다. 우리는 자원, '인간 자원'인 것이다.

사라져가는 개체 수를 보며 타노스는 행복했을까.

줄어든 임직원 수를 보며 회사의 높은 자리에 있는 누군가는

안도했을까.

우리를 구해줄 어벤져스는 과연 누구일까?

ㅏ··· 　　　　　　　　**직장인의** 　　　　　 ··· ㅠ
　　　　　　　　　　**사춘기**



**사춘기**(思春期)

　인간 발달 단계의 한 시기로, 신체적으로는 2차 성징이 나타나고 정신적으로는 자아의식이 높아지면서 심신 양면으로 성숙기에 접어드는 시기.


　돌이켜보건대 나의 사춘기는 별일 없었다. 하지만 어머니 앞에서 이 말을 했을 때, 어처구니가 없다는 눈빛으로 나를 바라보시던 기억이 생생하다. 내 행동은 당연한 것이었고 기억할 만큼 특별한 것이 아니었는데, 어머니에게는 태산과 같은 근심이었나보다. 그래서 솔직히 우리 아이들에게 다가올 사춘기가 나는 두렵다.

나는 이러한 '질풍노도의 시기'를 인생에 단 한 번만 겪으면 되는 줄 알았다. 신체는 이미 그 성장을 멈추고 정신적으로도 더 성숙할 부분이 없을 것 같던 그때 나는 입사를 했고 직장인이 되었다. 그리고 사춘기(思春期)와는 비교도 할 수 없는 '사춘기(社春期)'를 맞이했다.

둘은 확연히 달랐다. 신체는 성장했으나 정신은 아직 성숙하지 않은 사춘기(思春期)는 어느 정도 사회적인 용인을 얻는다. '모라토리엄', 즉 '지급유예 기간'이라고 불리는 이유다. 누구나 이 과정을 거쳐왔기에 치기 어린 행동을 하거나 큰 잘못을 하더라도 웬만하면 용서를 받는다. 정체성을 찾아가는 과정을 기다려 주는 것이다.

이에 비해 직장인이 되어 회사에서 맞이하는 사춘기(社春期)는 애처롭다. 사회생활을 하면서 오만 가지 일을 당하고 겪으면,

어릴 적 사춘기에 어렵게 확립한 정체성은 붕괴된다. 게다가 사춘기의 방황을 그대로 답습했다간 밥줄이 끊길 위험이 있다. 정체성을 찾을 때까지 사회는, 회사는 기다려주지 않는다. 반항도 한번 제대로 해보지도 못하고, 질풍노도의 시기를 견뎌야 하는 것이다. 마치 더 성장할 것이 없는 신체를 키우기 위해 사지를 묶어 잡아당기는 고통과 같다.

더 무서운 건, 사춘기는 반복된다는 것이다. 좁은 취업문을 뚫고 직장 생활을 시작함과 동시에 제대로 살고 있는지에 대한 회의와 아니다 싶으면 빨리 뛰쳐나가야 한다는 조급함이 엄습한다. 이러한 고민은 주기적으로 슬럼프라는 이름으로 (친근하게) 찾아온다. 이것을 이겨내기 위한 답은 없다. 달고 살아야 하는 직장인의 '지병'이라 생각하는 것이 오히려 맘 편하다.

그래서 나는 사춘기(社春期)를 다음과 같이 정의한다.

### 사춘기(社春期)
인간이 먹고살기 위해 일을 해야 하는 시기로, 신체적으로는 배가 나오거나 건강이 나빠지는 과정을 겪으며, 정신적으로는 자아의식이 흔들리면서 심신의 맷집이 성숙해지는 시기.

하지만 난 사춘기의 '춘(春)'이 '봄'을 뜻한다는 걸 잊지 않을 것이다. 겉으로 들리는 어감은 문제투성이의 복합체 같지만 그 뜻을 가만 보면 봄을 기약하는 생각과 때를 일컫는다. 얼마나 위안이 되는지. 언젠간 봄을 맞이하리라는 막연한 바람은, 그야말로 위로다. 설령 오지 않더라도 말이다.

초라하다고 생각하면 직장인의 초라함은 한도 끝도 없지만
봄을 기약하고 기다릴 줄 아는 존재라 생각하면
조금은 더 견딜 만하다.
맡게 된 '일'을 열심히, 잘하면서,
그 누구도 아닌 나와, 사랑하는 사람들을 위해,
오늘도 질풍'노(勞)'도의 그 조류를 그냥 타보려 한다.

# 나는 오늘도
## 내 미래에 편지를 쓴다

혼히들 '운칠기삼(運七技三)'이라 한다.

운이 7할이고, 재주나 노력이 3할이라는 뜻으로 사람의 일은 재주나 노력보다 운이 더 중요하다는 말이다. 그런데 회사를 다니다 보니 '운칠기삼'보다는 '운칠복삼(運七福三)'이란 말을 절감한다. 복이 3할이라는 뜻으로 최고위 임원분들도 이와 비슷한 대답을 한다. 상승 기류가 있는 곳에 자신이 우연히 있었다는 것이다.

운에 대한 가치관은 각양각색이다. 어떤 이는 타고나는 것이라 하고, 누군가는 만들어가는 것이라 한다. '복'도 마찬가지다. 타고나느냐, 만들어가느냐는 그 누구도 쉬이 결론낼 수 없다. 그저 일어난 일에 대해 해석을 할 뿐이다. 대개는 '끼워 맞추기' 식이지만. 운칠복삼이란 말이 내가 어찌할 수 없는 10할의 요소로 내 앞길이 정해진다는 뜻인 걸 상기해보면 희망적이기 어렵다.

그럼 나는 아무것도 안 해도 되는 것인가. 어차피 정해진 대로 흘러갈 것이니, 막살아도 되는 걸까. 그러고 보니 뭐 하나 내세울 것 없는 사람들이 회사 내에서 승승장구하는 걸 보면 막살아도 될 거 같다. 그런데 정말로 그렇게 생각을 고정시켜 버리면 사는 의미가 없지 않은가.

그래서 나는 둘 다 믿는다. 운과 복은 타고나는 것이기도 하고 만들어가는 것이기도 하다고. 어느 한쪽만 믿는 건 내 삶을 너무 한정짓는 것 같다.

이미 타고난 운과 복은 내가 어찌할 수 없다. 그저 맞이해야 한다. 내게 허락된 그것들을, 아직은 모두 맞이하지 않았다는 희망으로 하루하루 살아가는 것이다. 그리고 만들어가야 하는 것역시 내 몫이다. 얼마나, 어떻게, 얼마만큼 만들어야 하는지는 알 수 없다. 다만, 내가 할 수 있는 최선은 포기하지 않는 것이다.

앞길이 불분명해도, 지금 하고 있는 일이 맞는가 싶어도,
운이 너무 천천히 오는 건 아닌가 싶어도,
내가 가진 가장 큰 행운은
현재에 집중하며 포기하지 않았던 것이라고.

편지를 쓰지 않으면 답장을 받을 일도 없다. 그러니 나는 나의 미래에 끊임없이 편지를 쓰려한다. 간간이 오는 답장 속엔, 어쩌면 내가 바란 운과 복이 있을지도 모르니까. 앞날에 대한 희망은 미래에서 오지 않는다. 오늘의 나에게서 온다.

# 열심과 노력이라는
# 무기

가치는 상대적이다. 돈을 보면 잘 알 수 있다. 돈은 가치를 매기기 위한 수단이다. 물론 요즘 세상엔 돈이 가치 그 자체가 되었지만. 천 원으로 사 먹을 수 있는 음식을 기준 삼아 10년 전과 지금을 비교해보면 상대적이란 말이 이해될 것이다.

상대적이란 개념은 돈과 물질에만 그치지 않는다. 예를 들어 열심이나 노력의 가치가 그렇다. 10년 전엔 노력을 해야 했다면, 지금은 '노오오오력'을 해야 한다. 그렇다면 열심은? '백심', '천심'을 다해야 한다고 할까?

직장에서의 노력과 열심은 더욱 그렇다. 열심과 노력의 출발선이 어디인지도 알 수 없고 잘했던 일이 독이 될 수도, 독이 되었던 일이 약이 되는 경우도 있다. 한마디로 정답이란 게 없는 곳이다. 주위에 만연한 금수저와 다이아몬드 수저를 보면 내 열심과 노력의 가치는 한없이 떨어진다. 물론 그 사람들은 자신이 금수저와 다이아몬드 수저인지 모른다. 또는 절대 인정하지 않는다. 참 재밌다.

그나마 '누구의 자녀'라는 꼬리표가 붙는 다이아몬드 수저들은 일을 못하면 사람들의 입방아에 오르내린다. 개개인의 '역량'으로 사람을 평가할 수밖에 없으니 직장이 그나마 조금은 공평한 곳이 아닌가 싶기도 하다.

존경하는 분은 회사를 나가고, '저 사람처럼 되지 말아야지' 싶은 사람은 승승장구한다. 가치관이 흔들린다. 내가 누군가의 열심이나 노력을 가늠할 순 없고, 그것을 함부로 계량해서도 안되지만 그래도 누가 진정한 노력을 하고 있는지는 모두 알기 마련이다.

'월급 루팡'을 보면 두 손에 수갑을 채우고 싶다. 회사나 조직, 주변 사람의 배려 없이 개인의 안위만을 위해 고군분투하는 그들에게 달달한 엿을 물려주고 싶다. 이미 내 열심과 노력은 절대적으로 상대적이다. 누구의 것과 비교하느냐에 따라 오르락내리락 요동할 것이다.

그래서 난 나의 열심과 노력을 스스로라도 절대적인 요소로 규정하고 싶다. 내가 하는 열심과 노력이 나를 덜 배반했으면 좋겠다는 마음으로. 내가 가진 것이 그것뿐이니 이것으로 하루하루 버텨야 한다는 비장한 각오로.

그러면 언젠가 맞이하게 될지 모르는 유리천장도 깨뜨릴 수 있지 않을까. 나의 열심과 노력을 뭉툭하면서도 날카롭게, 유연하면서도 묵직하게 갈고닦고 싶다.

'열심'히 '노력'하면서.

# 나를 얕잡아본 것은
# 나였다

비슷해 보이지만 그 의미가 확연히 다른 말이 있다. 예를 들어 '지향'과 '지양'이 그렇다. 한 글자 차이로 의미는 정반대가 된다. 추구해야 할 것과 그렇지 않은 것, 해야 할 일과 하지 말아야 할 일이 단 한 글자로 정해지는 것이다. 그래서 이 단어를 사용할 때 대부분은 '향'과 '양'에 음조를 두어 이야기한다. 상대방에게 이것을 구분하여 말하고 있다는 신호를 줌과 동시에, 스스로 그것을 구분하겠다는 의지를 다지는 것이다. 이 한 끗 차이를 구분하지 못하면 삶 자체가 흔들리는 경우가 있으니까.

이와 비슷한 경우로 '장이'와 '쟁이'라는 말이 있다. '장이'는 일부 명사나 어근 뒤에 붙어 '그것과 관련된 수공업적인 기술을 가진 사람'을 뜻한다. 즉, 전문가다. '옹기'라는 말에 붙어 '옹기장이'가 되면 '옹기그릇을 업으로 만드는 전문가'가 된다. 반면 '쟁이'는 '장이'와 같이 일부 명사나 어근에 붙는 건 같지만 '그러한 특성을 가진 사람'의 뜻과 '얕잡는 뜻'이 더해지는 명사를 만든다.

유쾌하진 않지만 '쟁이'가 가장 어울리는 명사는 '월급'인 것 같다. 그리하여 '월급쟁이'라는 말이 나왔다. 바로 나다. '쟁이'란 말이 붙음으로써 월급을 받는 존재의 설움은 증폭된다. 스스로도 한때 '내가 특별히 할 줄 아는 게 없어서 월급쟁이가 되었구나'란 생각을 했었다. 사실 지금도 가끔, 아니 그보다는 좀 더 자주 한다. 위로부터의 호통과 아래로부터의 압박, 월급이 오르는 속도보다 빠른 아이들의 성장을 보면서 말이다.

그렇게 나는 스스로를 괴롭히고 있었다. 나는 왜 월급을 주는 존재가 되지 못했는가. 왜 전문직이란 타이틀을 거머쥐지 못했는가. 스스로를 '월급'을 받는 '쟁이'란 시선으로, '얕잡는 뜻'을 더

하여 측은하게 바라본 건 다름 아닌 나였다.

그래서 남는 게 뭘까. 자괴감밖에 없었다. 어차피 내가 아니어도 누구나 할 수 있는 일을 하는 대체 가능한 존재. 스스로를 깎아내리는 데는 한계가 없었다. 계속해서 스스로를 얕잡아 이르면, 나는 '쟁이'처럼 일할 것이다. 그러면 출구는 없다. 자괴감과 자기 연민, 고만고만한 월급만 남을 뿐.

대신 내가 하는 일의 본질을 되새겨보기로 했다.
힘겹게 출근해서 보고서를 만들고 이메일을 쓰고,
보고하고 회의하다 퇴근하는 것 같지만
그것을 모두 모으면 '어느 한 분야의 직무'로 완성된다.

지금 무엇을 하고 있느냐 물었을 때 한 명은 그저 벽돌이나 쌓는다 하고, 또 다른 한 명은 집을 짓고 있다고 대답했다는 유명한 이야기가 있다. 누가 '쟁이'이고 누가 '장이'일까.

'쟁이'라는 자기 연민과 '장이'라는 자부심은 직장 생활을 하는 한 무한 반복될 것이다. 그것은 직장인의 숙명이다. 그러나 그 반복의 날 속에서 나는 선택이라는 걸 할 수 있다. '쟁이'로 살거나 '장이'로 살거나.

# 나의 자부심은
# '나'에게서 비롯해야 한다

신입 사원 때였다. 나름 사람들에게 많이 알려져 있던 회사 이름이 나를 들뜨게 했다.

가진 것 없고 내세울 것 없던 나였다. 그래서 그랬을 것이다. 일종의 자부심이었을까. 세상을 조금은 가진 것 같았다. 그때도 취업이 쉽진 않았다. 고군분투해서 얻어낸 성과였으니 조금은 들떠도 괜찮겠다 싶었다.

퇴근길, 집 방향이 같은 동기 몇 명과 함께 전철에 올랐다.

내 재킷 왼쪽 가슴엔 회사 배지가 빛나고 있었다. 동기 녀석들도 같았다. 우린 모두 들떠 있었다. 세상 사람들이 봐주길 바라는 마음으로, 괜스레 어깨와 가슴을 좀 더 펴보았다. 자리가 나도 앉지 않았다.

그때였다. 앞자리에 앉아 계신 아저씨가 내 손을 툭툭 쳤다. 무슨 일일까 아저씨를 바라보자 그 아저씨는 턱으로 내 아래를 가리켰다. 이런. 바지 지퍼가 열려 있었다. 부끄러웠다. 쥐구멍이 있다면 내가 들어가는 게 아니라 내 주위 모든 풍경과 사람들을 구겨 그곳에 처넣고 싶었다. 황급히 지퍼를 올리고 자리를 피했다. 동기 녀석들은 그런 나를 아랑곳하지 않고 저희들끼리 떠들고 있었다.

난 그 이후로 회사 배지를 달고 다니지 않는다. 가끔 바이어 상담을 할 때나 회사를 대표해서 앞에 설 때가 되어서야 배지를 꺼내 들곤 동시에 바지 지퍼를 살핀다. 그때의 추억을 생각하며 마음을 다잡기도 한다.

회사는 나에게 많은 기회를 주었다. 내가 가진 역량을 펼칠 수 있는 무대도. 물론 그에 상응하는 스트레스를 주지만. 대출 창구를 가도 내 이름보단 회사 이름을 본다. 아침에 일어나 어딘가로 가야 할 곳이 있다는 묘한 긴장감, 무언가에 기여할 수 있다는 효용감도 제공한다. 매슬로의 욕구 단계로 치면 생리·안전·소속·존경 욕구를 충족시켜 준다. 자아실현의 욕구는 내가 가진 숙제다.

하지만 직장이 많은 기회를 준다 하더라도
자부심이 그곳에서 오면 안 된다.
자부심은 말 그대로 나에게서 와야 한다.
남을 통해 내 꿈을 꾸면 안 되듯이,
자부심도 나에게서 나와야 한다.

회사 배지가 가슴에서 빛나고 있음을 의식하기보단 내 바지 지퍼를 먼저 단속해야 한다. 대출은 회사의 이름을 빌리더라도, 회사의 주가 등락에 따라 내 존재의 가치가 오르락내리락해선 안 된다. 지금은 잠시 회사에 기대어 서 있을지라도 스스로 설

수 있는 연습을 해야 한다. 다시, 자부심을 나에게서 찾아야 하는 이유다.

〈미생〉의 장그래는 말했다.

"나는 어머니의 자부심이다."

난, 좀 달리 말하고 싶다.

"나는 나의 자부심이다."

# 다시
## 시작하게 하는 힘

ㅏ…                                      …ㅠ

"금번 3분기 매출은 전년 대비 00퍼센트 '역성장'입니다."

그야말로 '갑분싸'. 회의실에 모인 임원진들과 그 이하 모든 직원이 숨을 죽인다. 곧이어 사유가 나온다. 왜 그런지, 무엇이 문제였는지. 질책과 호통이 자동 장전되고 격발이 이루어진다. 그 탄환이 누굴 향하게 될지, 월급을 받는 모든 존재는 조마조마하다.

우리는 항상 성장에 목을 맨다. 사회적으로나 개인적으로나 마찬가지다. 성장하지 못한다는 표현을 할 때조차 '역(逆)'자를 넣어 굳이 역성장이라는 말로 표현하는 게 흥미롭다.

그도 그럴 것이 우리는 성장만 해왔다. 성장의 시대를 풍미한 사람들은 이미 고위 임원이 되었거나 건물주가 되었다.

시대는 달라졌다. 경제의 흐름은 고착화되고, 사람들은 '포기'라는 말과 친숙해졌다. '소확행'이 괜히 나왔을까. 농담 반 진담 반으로 계급론이 사회에 통용되어도 전혀 이상하지 않은 시대를 살고 있다.

성장하지 않는 존재는 도태된다. 회사도 혁신에 혁신을 거듭해야 하고, 끊임없이 새로운 제품을 내놓아야 한다. 그렇지 않으면 망한다. 회사는 개인의 집합체다. 각자의 밥줄이 복잡하게 얽히고설켜 있다. 그래서 회사가 망하면 개인도 그 책임에서 자유로울 수 없다. 그러니 전년 대비 성장하지 못한 것에 대한 질책에 잠자코 침묵하는 것이다. 암묵적인 반성이다.

그러나 성장엔 한계가 있다. 회사의 성장은 고점을 찍을 때가 분명 있고, 사람의 성장 역시 20세가 됐을 즈음에 이르러 멈춘다.

그럼에도 세상이 돌아가는 건 역성장이 있기 때문이다.
고점을 찍고 내려오는 시기가 있기에,
모든 존재는 다시 성장을 향해 고군분투한다.
오르락내리락을 반복하는 일이 꾸역꾸역 우리를 살게 하는 것이다.

육체의 성장이 멈춘 개인은 정신적 성장으로 거듭난다. 자기계발은 육체적으로 더 이상 성장할 수 없다는 갈증을, 정신과 지식 그리고 마음의 성장으로 풀어가는 발전적 본능이다. 육체적으로 후퇴하기 시작하는 그 순간에 다시 나아가는 것이다. 그게 우리 안에 있는 놀라운 힘이다.

# 나를 사랑하는 법을 잊은
# 직장인에게

대학교 시절 야간 수업을 수강한 적이 있다. 그곳엔 나보다 나이가 훨씬 많은 직장인 수강생들이 많았다. 같은 공부를 하지만 세상의 이치를 더 일찍 경험한 그분들에게서, 나는 많은 가르침을 받았다. 그래서인지 그분들의 일거수일투족이 존경스러웠다. 마침 고학년이었던 터라 곧 직장에 들어가야 했던 당시 상황도 큰 몫을 했을 것이다. 계절이 한두 바퀴 돌고 나면, 나도 그들과 같은 멋진 존재가 되어 있으리라는 기대도 컸다.

"야, 직장인 별거 아냐. 뭐든 다 잘 알 것 같다고 했지? 오히

려 더 바보가 돼! 시야는 좁아지고, 일밖에 모르고. 말이 사회생
활이지, 사회가 어떻게 돌아가는지 하나도 몰라!"

나이가 지긋하신, 나와 학번이 같았던 한 대기업 차장님이
그렇게 말했다. 당시에는 믿을 수 없었다. 이미 취업을 하고 어
느 정도 먹고살 만한 '어른'의 배부른 불평이라 생각했다.

결국 난 직장인이 되었고, 십수 년째 바보로 살고 있다. 일
바보, 월급 바보, 보고서 바보, 회의 바보, 정치 바보, 인정 바보
등. 사회가 돌아가는 것에 신경을 쓸 겨를이 없다. 먹고살기 위
해, 그 밥줄을 부여잡기 위해 또 하루를 바보로 살아간다. 그나
마 다행인 건 성장하는 부분도 있다는 것이다. 바보라는 말이
중의적일 수도 있겠다.

하지만 직장인이 된 후에 경험하는 진짜 바보짓은, 나를 사
랑하는 법을 잊는 것이다. 사회 돌아가는 것을 모르는 만큼이
나, 내가 어떤 상태인지도 모르고 살아간다는 것. 자신을 돌아
보지 않는 존재는 병들어 죽는다. 육체의 병이든, 마음의 병이

든, 영혼의 병이든. 자신을 사랑하지 않은 죗값을 치르며.


'월급을 받지 못하는 상황이 오면 어떡할까.'

'인정받지 못하면 어떡할까.'

'승진하지 못하면 어떡할까.'

'보고를 잘못해 망신을 당하면 어쩌나.'

'깨지면 어쩌나.'

'하는 일이 잘못되면 어쩌나.'


직장은 이런 고민을 하루에도 수십 번 하는 곳이다. 그러니 나를 사랑하는 법에 대해 고민하기보단, 어떻게 살아남을까에 대해 고민하는 시간이 더 길다.


당최 자신을 돌아볼 겨를이 없다. 사자에 쫓기는 사슴처럼 존재를 반추(反芻)하기보다는 도망가는 것에 열중해야 한다. 살고 봐야 하니까. 그래야 나도 있는 거니까.


이러한 관점에서 결국 생존은 나를 사랑하는 방법의 기초이

자 출발선이라는 아이러니한 결과가 도출된다. 오늘 하루 생존을 위해 발버둥쳤다면, 곧 나를 사랑하는 법을 실천한 것이 된다.

생존을 위한 모든 몸부림은 초라하다. 하지만 동시에 고귀하다. 그러니 월급, 승진, 인정과 같은 생존에 목매는 직장인의 팔자를 탓하지 않으려 한다. 그것이 나를 사랑하는 시작이 될 것이다. 품격은 누구에게 보여주라고만 있는 게 아니다. 나 자신에게 먼저 차려야 할, 가장 사랑하는 존재를 향한 소중한 매너다.

# 내가 생각했던
# 삶이 아니더라도

바야흐로 '용기의 시대'.

요새 유행하는 용기는 그 의미가 이전과 다르다. 지금까지의 용기가 무언가를 쟁취하고, 성취하고, 이루어내기 위한 것이었다면 요즘 세상에 필요한 용기는 포기할 줄 알고, 느리게 갈 줄 알며, 쥐고 있는 것을 놓는 것이다.

할 수 있다고 용기 내어 말하는 것과 할 수 없다고 용기 내어 말하는 것의 차이. 후자가 더 큰 용기가 필요한 것임을 우리는 안다. 전자가 다른 사람의 시선을 의식한 결심이라면, 후자는 '다른 사람이 나를 어떻게 볼까'에 대한 두려움도 감내해야 가능한 것이기 때문이다.

성장의 시대엔 '불가능도 가능'했다. 안 되면 되게 할 수 있었고, 피할 수 없으면 즐길 수 있었다. 지금은 그렇지 않다. 안 되는 것은 안 되는 것이고, 즐길 수 없으면 피하는 게 더 지혜로운 처신일 수 있다. 이미 많은 것들이 고착되었기 때문이다. 개천에서 용 난다고 하던 시대가 아니다. 이젠 개천도 없고, 용도 없다.

그렇게 용기는 하나의 목소리가 되었다. 아니라고 생각되면, 즐겁지 않다고 느껴지면 퇴사를 한다. 정해진 코스와 단계에서 벗어나는 사람들. 상당히 큰 용기가 필요하다.

용기는 '돌진하는 자'의 전유물이 아니다. 사과를 99개 가진 사람이 1개를 더 쟁취하기 위해 달려드는 것과 98개로 줄어드는 것을 용인하는 것 중 어떤 것이 더 큰 용기일까? 후자의 용기가 더 크다는 것을 나는 안다.

그렇다면 여전히 출근하는 우리도 이미 용기 있게 사는 중 아닐까. 어린 시절 누가 그저 월급쟁이가 되겠다고 꿈꾸었겠나. 하지만 모두가 자기 삶을 받아들이고 자기에게 주어진 일을 해 나가고 있다. 나이가 들수록 '내가 생각했던 삶'과 멀어져가지만 받아들이는 것이다.

이루지 못하게 된 꿈을 포기하는 용기. 내 손으로 포기했다고 인정하는 용기. 이보다 더 큰 용기를 나는 아직 알지 못한다.

# 우리의
# 역할이 그러할 뿐

누구나 가고 싶어 하는 회사를 다니던 후배가 돌연 퇴사했다. 회사에서 부속품처럼 일하는 데 진절머리가 났다면서. 이해가 되었다. 직장인과 부속품은 참 잘 어울리는 말이다.

사람들은 모여 조직을 이루고, 조직에서는 각자의 역할이 있다. 그 역할이 바로 일이다. 그래서 우리는 어느 한 조직 또는 사람을 평가할 때 일을 잘하느냐 못하느냐를 잣대로 삼는다. HR(Human Resource)란 말이 그것을 대변한다. 직장인은 회사의 관점으로 바라볼 때 '자원'이고, 회사는 '인간 자원'이 제 기능을 잘

하는지를 매우 중요하게 바라본다.

그럼에도 불구하고 난 스스로를 부속품으로 정의하는 데에 저항한다. 부속품은 사물이다. 사물은 생명이 없다. 생명이 있는 대상을 사물화하면 그 본질은 오염된다. 부속품이라는 단어에 동조하는 순간, 숨 쉬는 나의 생명은 부질없어진다. 그러면 생명이 가진 고유의 속성, 열정과 희망도 바스러진다.

생각해보면 우리가 하는 역할이 부속품의 속성을 가진 것이지 우리 자체가 부속품은 아니다. 오염된 가치는, 우리 자신이 부속품이라는 잘못된 생각에 집중하게 한다. 감당할 수 없는 서러움에 몸서리치고, 만성화된 무기력함에 빠지게 한다. 영화에 나오는, 영혼을 잃은 좀비와 같이 그저 출근하고, 그저 일하고, 그저 퇴근하면서 부속품이 되어가는 것이다.

회사가 나를 부속품처럼 생각한다고 불만을 토로하지만, 실상 나 자신도 다른 사람을 그렇게 보는 경우가 많다.

"아니, 이 일은 그 부서에서 해야 하는 거 아닙니까?"

"당신이 담당자잖아요. 그럼 회신을 하셔야죠!"

상대방의 감정은 아랑곳하지 않고 그저 업무에 기반한 요구만 펼칠 때가 있다. 물론 직장에선 그래야 할 때가 있다. 감정만 일일이 따지다간 일이 진행되지 않는다.

하지만 우리가 부속품이 아니라는 것을 증명할 기회는 많다. 사전에, 사후에 담당자와 차 한잔하며 이야기를 나누거나 회식 자리에서 그간의 섭섭함을 풀 수도 있다. 생일이라면 축하의 한 마디를 전할 수 있고, 그날의 패션을 보며 칭찬을 건넬 수도 있다. 진짜 부속품은 다른 부속품 따위는 신경 쓰지 않는다. 그래서 제 할 일만 하다가 다른 부속품이 멈춰버리면 모두 멈추게 된다. 그러나 나는, 우리는 그렇지 않다.

일은 부속품과 같이 정확하게 잘하려 노력해야겠지만 스스로가 부속품에 불과하다는 오염된 생각에서는 벗어나야 한다. 다른 이를 대할 때도 그 '역할'과 '사람', '감정'을 구분해서 볼 수 있어야 한다.

우리는 살아 있으니까.

생명을 가진 숨 쉬는 존재이니까.

# 불안해도
## 괜찮다, 괜찮다

숨 쉬는 모든 존재는 불안하다. 그중에서도 직장인은 좀 더 불안하다. 불안은 무엇이 잘못될까봐 느끼는 편치 않은 마음, 즉 걱정이다.

불안은 불확실성에 기인한다. 직장인의 삶은 참으로 불확실하고 그래서 더욱 불안하다. 미래가 불확실한 우리가 보다 더 확실한 것을 꿈꾸기 때문에 불안하다. 만약 절대자가 "너는 언제부터 언제까지 직장을 다니고, 어디까지 승진을 한 후에 퇴사를 할 것이고, 돈은 얼마를 모아서 은퇴 후에도 먹고사는 데 큰 지장은 없을 것이다"라고 말해준다면 우리는 결코 불안하지 않을 것이다. 무언가가 확실했으면 좋겠다는 욕망과 바람이, 오늘의 나를 불안하게 하는 게 아닐까 싶다.

숨 쉬는 모든 존재가 불안을 느끼는 이유는 생존 본능 때문이다. '나에게 어떤 일이 일어나면 어떡하지'라는 걱정이 고착되어 불안이 된 것이다. 지금까지 일어난 일에 대한 좋지 않은 기억에 다른 사람에게 일어난 나쁜 일까지 간접 경험으로 더해지면서 불안은 증폭된다.

우리 몸에 아픈 곳이 생긴다면 그것은 몸이 우리에게 보내는 신호다. 식습관을 바꾸거나, 자세를 바로 하거나, 휴식을 취해야 한다.

이러한 측면에서 불안은 스스로를 걱정하는 마음이 우리에게 보내는 신호다.
불안이라는 지병은,
그래서 직장인이 안고 가야 할 소중한 무엇일지도 모른다.

불안하니까 공부하고, 불안하니까 배우려 한다. 불안하니까 미리 준비하려 하고, 불안하니까 더 잘하고 성장하려 발버둥친다. 그렇게 생존 능력을 키우는 것이다. 그렇다면 그 불안을 무조건 밀어내기보단 받아들이고 익숙해지려 해보면 어떨까.

오늘도 불안에 압도당하지 않고 담담히 하루를 마친 나를 대견해하면서.

# 2장

# 반복되는 삶 속에서
# 나의 기본을 세운다

그리고 단지 직장인이라는 이유만으로
나는 아무 일도 없었다는 듯 다시 일어서 앞으로 나아가야 하니까.

ㅏ…                    저마다                    …ㅠ
            가면을 들고 출근한다


　　오디션 프로그램의 한 도전자가 중국의 변검(變瞼) 무대를 꾸

몄다. 손도 대지 않았는데 얼굴에 있는 가면이 바뀌었다. 그것도

휙휙. 변검술사는 사람들을 들었다 놨다 하며 무대를 휘저었다.

화려하면서도 능수능란한 그 모습에 경탄하는 한편 한 치의 틈

도 보이지 않는 그가 얄밉기도 했다. 한 번 정도는 실수를 할 법

도 한데. 가면이 어떻게 바뀌는 건지 단서를 찾을 수 있지 않을

까 했는데.


　　하기야 우리도 모두 변검술사다. 온갖 가면을 들고 출근해서

상황에 맞추어 이리저리 바꿔 쓰니 말이다. 심리학자 칼 구스타프 융이 말한 '페르소나'와도 상통하는 개념이다.

나도 모르게 많은 가면을 주섬주섬 챙겨 출근한다. 크게 '역할의 가면'과 '감정의 가면' 이렇게 두 가지로 나눌 수 있다. 직장인, 남편, 아빠, 회사의 직급과 직책 등이 전자다. 나를 혼내는 상사 앞에서 인상을 찌푸리지 않고, 성과급을 받게 된 사실을 알게 되어도 너무 티 내지 않는 게 후자다.

재밌는 사실은, 변검술이 야생 동물들의 위협으로부터 살아남기 위해 인간이 변장하던 것에서 유래되었다는 것이다. 이 설에 기대어 이야기해보면, 직장인이 먹고살기 위해 변검술사와 같이 가면을 재빨리 바꾸어야 하는 건 너무 당연한 일인지도 모르겠다.

문제는 변검술사와 같이 능수능란하지 못한 때가 있다는 것이다. 제때 필요한 가면을 끄집어내지 못한다던가, 가면을 재빨리 바꿔야 하는데 그 과정이 서툴다거나 하는 경우다.

가면을 쓰는 일이 누군들 쉽겠나. 영 고단하고 어쭙잖다. 그러려니 하는 마음가짐과 함께 시간과 경험, 수많은 연습이 필요하다.

가면을 이리저리 바꾸는 사람들을 보며 가식적이라 지적하는 사람들이 있다. 하지만 난 '가식적'이란 말을 쓰는 사람들이 더 가식적이라 생각한다. 분명 누구나 저마다의 가면이 있을 텐데. 그리고 누구나 저마다 생존을 위해 살아가고 있을 텐데 말이다. 마치 자기는 가면이 없다는 듯이 말하는 사람들은 스스로 마음의 거울을 들여다봐야 한다.

사실 누군가 가면을 이리저리 능수능란하게 바꾼다고 한들 그 속내를 모르는 사람이 있을까. 변검술사의 가면이 휙휙 바뀌는 비법은 몰라도, 지금 보여주고 있는 상대의 얼굴이 진짜가 아니라는 것쯤은 안다.

알면서도 놀라움을 표하고,
속아주면서도 서로를 이해하는 곳.

서로의 가면이 만나 지지고 볶고 격려하고 위로하는 곳.

열받고 화나는 일이 있어도 사랑하는 사람들을 위해 가면 뒤
에서 참아내는 곳.

그곳이 우리가 모여 함께 일하는 곳 아닐까.

오늘도 직장에는 변검술사가 가득하다.

능숙하거나 어쭙잖은.

# 미지근함이라는
# 미학

"저 사람은 열정이 지나쳐. 지나쳐도 너무 지나쳐서 문제야."

보통 열정은 긍정적 의미로 통하지만 아닌 경우도 있다.

과유불급(過猶不及). 열정도 이 사자성어 앞에서 자유로울 수 없다.

모든 일에 열성을 다하고 꼼꼼히 챙기는 팀장이 있었다. 주위로부터 일을 잘한다는 이야기를 많이 들었고 실제로 승진을

거듭하며 승승장구한 사람. 당시 난 팀원이었고, 그래서 그분을
잘 알고 있었다. 어떤 일을 진행할 때마다 그분은 늘 그래왔듯
열정에 불을 지폈다. 따르기가 버거울 정도로. 그분에게는 악의
가 없는데도 너무 열심히 하려는 그 뜨거운 열정에 주위 사람들
이 데곤 했다.

예를 들어 우리 부서에서 보고할 일이 있으면 연관 부서들의
준비 상황은 아랑곳하지 않고 우선 보고하는 식이었다. 우리는
준비가 다 되었지만 아직 준비가 되지 않은 부서들은 그저 윗사
람에게 혼쭐이 날 수밖에 없었다. 그러면 그 열정에 덴 사람들은
이구동성으로 "저 사람은 너무 열정이 지나쳐, 자기만 회사를 위
하는 줄 알지?"라는 말을 내뱉었다.

나는 누군가를 반대로 쏘아댄 적이 있다.

"저 사람은 열정이 없어. 없어도 너무 없어서 문제야."
그런데 뱉어낸 말만 다를 뿐 결국 나도 똑같은 일을 겪었다.

내가 진행하던 프로젝트는 탄력이 붙어서 고지가 얼마 남지 않은 상황이었다. 성과는 보장된 것처럼 보였다. 열정이 끓어올랐다. 관련된 모든 사람의 열정이 내 온도와 같을 거라 생각했다.

하지만 그렇지 않았다. 나만의 온도로, 내가 열심히 하는 맛에만 취해서 누군가를 쏘아대고 있었을 뿐이다. 결과적으로 프로젝트는 잘 끝났고 성과도 냈지만 마음은 편치 않았다. 사람들의 표정이 그리 밝지만은 않았기 때문이다.

어쩌면 우리에겐 냉정과 열정, 그 중간의 적절한 태도가 필요한 것인지도 모른다. 냉정과 열정 사이엔 '미지근함'이 있다. 미지근함이라고 하니 왠지 이도 저도 아닌 것처럼 들린다. 열정에 비해 긍정적인 의미를 주지 못하는 것 같다. 뭔가 없어 보이기도 한다. '냉정과 열정 사이'라고 하면 그럴듯해 보이는데 말이다.

하지만 이 미지근함이 직장 생활에서 얼마나 중요한가.
혼자 광분하여 달려가지도 않고 그렇다고 아예 손 놓고 있는 것도 아닌, 적정 속도를 유지하며 끈기 있게 일하는 비밀.

내 일을 완벽히 장악하면서 타 부서의 상황도 인지하고 배려해야만 가능한 경지.

미지근함의 미학을 지녀야만 중요한 순간에 열정적으로, 또 냉정하게 변할 수 있다.

'냉정과 열정 사이'는 그렇게 어려운 것이다.


하물며 집에서도 일어나자마자 샤워기를 틀고 미지근함을 얻기 위해 고군분투하지 않은가. 얼마나 이르기 어려운 경지인지.


미지근함.

참으로 깔보아선 안 되는 미덕이다.

# '무엇을 위해서 일하는가' 문득 찾아오는 물음

단지 이 세상에 태어났다는 이유만으로 힘겨울 때가 있다. 살아가는 것이 아니라 살아내야 한다고 느낄 때 삶은 버겁고 힘들다. 지독한 외로움, 어찌해야 할지 모르는 슬픔과 절망, 무얼 해도 나아지지 않는 지지부진한 순간순간은 가뜩이나 초라한 존재를 더 짓누른다. 왜 태어났는지, 왜 사는지, 어디로 무엇을 향해 나아가고 있는지에 대한 의문은 꼬리에 꼬리를 문다.

어쩌면, 그것은 모든 존재의 설움이자 숙제이며 숙명이다. 아무리 물질적으로 풍족한 삶을 살고 긍정 에너지가 넘치는 '마음 부자라 해도 어느 순간 힘겨운 때가 오기 마련이다. 느끼는 무게가 다를 뿐, 태어난 이 세상의 모든 존재는 그렇게 각자의 짐을 짊어지고 살고 있다.

마찬가지로 직장인이라는 이유만으로 서럽고 힘들 때가 있다. 내 삶을 살아가는 것이 아니라 다른 무언가를 위해 산다고 느낄 때, 월급을 향한 몸부림은 버겁고 힘들다. 지난한 서러움, 이유를 알 수 없는 절망과 슬픔 그리고 아픔. 나만 제자리인 것 같고 미래가 보이지 않는, 말 그대로 암울한 순간순간은 직장인이 된 자신을 한탄하게 한다. 무엇을 하고 있는지, 누구를 위해 하는지. 나는 잘하고 있는 것인지, 다른 것을 하고 싶은 것인지 아니면 지금 이 순간을 벗어나고 싶은 것인지, 고민은 하루에도 몇 번씩 솟아올라 머릿속을 휘젓는다.

분명 이것은 우리 직장인의 설움이자 숙제, 숙명일 것이다. 아무리 고액 연봉을 받는 사람이라도, 회사에 미련이 없는 사람이라 할지라도 직장인이라는 사회적 가면을 쓴 이상 이런 힘겨운 순간은 오고 만다. 단지, 직장인이라는 이유만으로 말이다.

단지 태어난 것만으로도 힘겨운 존재는 직장인이 되고, 또다시 직장인이라는 이유만으로 서러운 감정들을 덮어쓴다. 이 무슨 기괴한 운명일까. 나는 그리고 우리는 전생에 무슨 잘못을 한 것일까. 좋은 건 좋다고 힘든 건 힘들다고 스스로에게 거짓 없이 말하고 싶다.

단지 직장인이라는 이유만으로

나는 이미 너무 많은 거짓을 말하고 스스로를 억눌러 왔으니까.

그리고 단지 직장인이라는 이유만으로

나는 아무 일도 없었다는 듯 다시 일어서 앞으로 나아가야 하니까.

# 직장인의 시간은
# 거꾸로 간다

시간 앞에 직장인은 초라하다. 시간 앞에 늘 속수무책이기 때문이다. 시간이야 원래 누구도 개의치 않고 흘러가기 마련이지만 그것을 얼마만큼 누리느냐는 직장에 들어가기 전과 후가 천지 차이다.

직장에서의 시간은 철저히 계산적이다. 정해진 시간 안에 최대한의 노동력을 뽑아내야 한다. 월급을 주는 자의 시간과 월급을 받는 자의 시간이 팽팽히 맞선다.

학생일 때는 그런 긴장감을 가질 이유가 없었다. 경제 활동을 하지 않아서이기도 했고 당장 생존과 직결되는 일을 하고 있는 게 아니니 그 마음이 시간 앞에 초라해질 일이 없다. 오히려 시간을 소유하고 있다는 착각 속에 살았던 것 같다. 그것이 얼마나 오만이었는가를 이제야 화들짝 깨닫는다.

직장은 원래 월 단위로 굴러갔다. 우리가 괜히 '월급쟁이'인 것이 아니다. 그런데 세상이 각박해지다 보니 시간을 바라보는 관점이 달라졌다. 연간, 반기, 분기로 나누어 크게 관리하는 동시에, 주와 일 단위까지 작게 쪼갠다. 세밀한 점검을 위해서다. 예전엔 한 달에 한 번 점검하면 되었는데, 이제는 그렇게 해선 살아남을 수가 없다. 마감하고 결산하여 얼마를 벌어들였는지, 얼마만큼의 성과를 냈는지 실시간으로 확인한다. 회사도, 개인도 결국 무어라도 팔고 얼마라도 남겨 먹고살아야 하는 팔자다 보니 그렇다.

이런 시간이 얄미울 때가 있다.

상사에게 잔소리를 들을 때나 제대로 준비하지 못한 보고회에 참석했을 때의 시간은 그렇게 느려터질 수가 없다. 식은땀이 머리에서부터 흘러 등짝을 타고 내려갈 때조차 그 속도가 느리고 또 느리게 느껴진다. 허리춤 부근까지는 흘러내려와야 이 상황이 끝날 것 같은데, 시간이 중력마저 무력화시킨 듯 식은땀도 꾸물댄다.

반대로 제발 이 순간이 영원하기만을 바랄 때는 나를 조롱하며 시간이 앞서간다. 굳이 특별한 예를 들 필요가 있을까. 주말 일요일 저녁이나 연휴 마지막 날, 이 세상 모든 직장인은 시간의 무자비함과 마주한다.

그렇게 직장인의 시간은 '거꾸로' 간다. 빨리 갔으면 할 때 느리게 가고, 느리게 갔으면 할 때 빨리 간다. 마음의 여유가 없을 때는 더 그렇다. 실제로 시간이 남아돌아도 마음의 여유가 없으면 아무것도 하지 못한다. 그리고 대개 회사는 우리가 여유를 가지게 놔두지 않는다. 언제라도 필요한 시간에 최대의 노동력을 발휘할 수 있도록 '스탠바이'를 시키니까.

하지만 시간이 정말 거꾸로 흐를 리는 없다. 절대적인 시간
이란 개념을 상대적으로 해석하고 받아들이는 것은 우리다. 사
람이란 간사해서 결핍을 느낄 때 비로소 소중함을 깨닫는다. 직
장인에게 있어 시간은 언제나 결핍 그 자체이므로 거꾸로 흐르
는 그것의 소중함을 계속 되새기게 된다. 시간이 자꾸 나를 초라
하게 만들어도 말이다.


"가치 있는 것을 하는 데 있어 늦은 때란 없다. 하고 싶은 것
을 시작하는 데 시간의 제약은 없단다."

- 〈벤자민 버튼의 시간은 거꾸로 간다〉 중에서


평생의 시간을 남들과 반대로 산 벤자민 버튼도 자신의 딸에
게 뻔한 말을 남겼다. 남들이 늙어갈수록 그는 젊어졌지만 시간
의 흐름은 방향이 중요한 게 아니었다. 정방향이든 역방향이든
어떤 방향으로 흐르든지, 시간의 야속한 속도는 마찬가지였고
똑같이 결핍으로 이어졌다.

시간이 어차피 모자란 것이라면, 우리를 초라하게 만들 수밖에 없는 것이라면, 그렇기에 더더욱 뭐라도 해봐야 하지 않을까.

각자의 마음속에 숨어 있을 작은 바람들,

지금 당장 하지 않아서 내 맘을 불편하게 하는 그 무엇.

가치 있는 그것 말이다.

# 회사의 조류에
# 몸을 맡길 수밖에

조직개편. 그야말로 지각변동.


모든 것이 요동하고 천지가 개벽한다. 크고 작은 조직의 수
장들이 교체되면서 내뿜는 영향력은 누군가의 밥줄을 좌지우지
한다. 올라가느냐, 남느냐. 집에 가느냐, 남느냐. 많지 않은 선택
지에서 운명은 결정된다. 그 운명을 결정하는 건 누굴까. 무엇이
그들로 하여금 그러한 운명을 맞이하게 하는가. 어느 경제학자
가 말한 '보이지 않는 손'이 회사에도 있는 것 같다.

열심히 '끈'을 만들어놓은 사람들은 '동아줄'이 사라지면 아연 실색한다. 누군가는 이 기회를 발판 삼아 재도약을 꿈꾼다.

누구에게나 존경받는 사람이 집에 가고, 악명 높은 사람이 올라가는 것을 보며 과연 직장 생활엔 정답이란 있는 걸까를 생각한다. 그렇게 올라가려면 이제부터라도 '악명'을 쌓아야 하는 건 아닐까 고민스럽기도 하다.

큰 조직의 수장이 결정되면, 다음은 하부조직 개편이다. 팀은 이리 찢기고 저리 떼이면서 내년도 사업을 위한 모양새를 갖춰간다. 지금까지 해왔던 일의 방식을 바꿔야 한다. 아무 상관이 없던 사람이 같은 팀이 되기도 하고, '케미'가 잘 맞아 시너지를 내던 동료를 떠나보내야 하기도 한다. 생각지도 못했던 일이 내려오고, 기존에 잘하던 일이 아무 의미가 없어지는 경우도 있다.

이제는 살아남은 자들의 몫이다. 회사와 사업은 무조건 성장해야 하고, 바뀐 조직과 사람들 속에서 나 또한 성장해야 한다는 압박에 처한다. 천지가 개벽해도 생존을 위한 궁리는 계속되는 것이다. 새로운 관계, 어색한 '케미', 좌충우돌할 갖가지 사건들에 대한 두려움을 안고서 모두 또다시 출근하고 일을 한다.

나는 지금 어디쯤 있는 걸까.
'보이지 않는 손'이 나를 언제까지 직장에 있게 할까.
삶의 묘미는 불확실성에 있다지만,
불확실성을 100% 즐기기란 그 누구라도 쉽지 않다.

그냥 '조류'에 몸을 맡길 수밖에. 조직이 어떻게 변하든, 나의 내일이 어떻게 다가오든, 그저 나를 지키며 일하기를. 나도 모르는 내 열정이, 욕심이, 기쁨과 슬픔이, 후회와 깨달음이 그 조류에서 나를 지켜주지 않을까.

# 멀리 보지 못하면
# 방향성을 잃는다

눈이 침침하다.

노안이라도 온 것일까. 가까운 것을 볼 때 안경을 위로 들추고 미간을 찡그리며 보는 선배들을 보며 '나는 저러지 말아야지' 결심하곤 했는데.

그러고 보니 나는 하루 종일 무엇을 바라보나. 작은 액정이다. 이 작은 화면 안엔 많은 것들이 있다. 지금은 몇 시인지, 알림이나 메시지가 와 있진 않은지 확인하며 이 작은 화면 안에서 끊임없이 서성인다. 출근길에도, 퇴근길에도 나는 그 화면을 벗어나지 못한다.

출근을 하면 그보다는 조금 더 큰 화면에 집중한다. 노트북 모니터와 그 옆에 연결된 더 큰 모니터를 번갈아 오간다. 결국 나는 크기가 다른 세 화면 속에서 허우적대고 있는 셈이다.

잠시 눈을 들어 사무실 창밖을 바라본다. 유리창 너머로 저 멀리 보이는 하늘과 산, 강물과 높이 솟은 빌딩들의 모습이 낯설다. 그것마저 하나의 더 큰 화면일까.

생활이 그렇다 보니 근시안(近視眼)을 가지게 된 것 같다. 문제는 그 시야가 단지 눈에만 국한된 것이 아니라는 것이다. 생각과 마음의 눈, 즉 삶을 바라보는 관점도 좁아지는 느낌이다. 작은 일에도 일희일비하고 매사가 조급하다. 작은 변수에도 화들짝 놀라기 일쑤고 이러지도 저러지도 못하며 노심초사한다.

가까운 것만 들여다보면서 방향을 잃은 것이 아닐까. 멀리 보지 못하면 방향성을 잃는다. 매 순간 무언가에 집중하는 것 같지만, 정작 내 삶을 위한 고민은 아닌 것이 많다. 참으로 각박한 시대. 퇴근길 전철 안에 있는 사람들 거의 모두가 역시 작은 화면에 고개를 들이밀고 있다. 나만 멀리 보기 연습이 필요한 건 아니구나.

방향을 잃지 않는 건
하루하루를 견디기 위해 가장 필요한 일이다.
매일 파도처럼 밀려오는 업무에 치여 사는 우리에겐
내가 왜 이 바다 위를 항해하고 있는지, 어디로 가기 위해서 였는지 기억하게 하는 나침반이 필요하다.

그래서 연습을 해야 한다. 멀리 보는 연습. 하루에도 몇 번 씩 고개를 들고 하늘을 바라봐야 한다. 멀리 봐야 한다. 우리 모두가.

ㅏ···                    회사는                    ··· ㅠ
            내게 자꾸 사유를 묻는다




데카르트가 말했다.


"나는 생각한다. 고로 존재한다."


즉, 그는 사유(思惟)한 것이다. 모든 것을 의심할 수 있고 일
체가 허위일 수도 있으나, 그는 사유하는 존재 자체는 의심할 수
없다고 결론지었다.


회사는 내게 자꾸 사유(事由)를 묻는다. '어떤 일을 그렇게 하

게 된 이유나 까닭'을 내놓으라는 것이다.

"이번 달 매출이 빠진 사유는?"

"전년도 대비 신장하지 못한 사유는?"

"이익이 줄어든 사유는?"

"그 프로젝트가 잘 안된 사유는?"

물론 비슷한 방식으로 다른 걸 물어보기도 한다.

"이번 달 매출이 높은 사유는?"

"전년도 대비 신장한 사유는?"

"이익이 늘어난 사유는?"

"그 프로젝트가 성공한 사유는?"

사실 사유(事由)는 어느 하나로 정의할 수 없을 때가 많다. 나의 노력과 갖가지 변수, 거시적·미시적 경제 현황과 신이 내린 '운빨'로 굴러가는 세상이니까. 사유(事由)를 내놓으라는 요구 앞에, 이리저리 사유(思惟)해보지만 머리에 쥐가 날 것 같다. 이건 글쓰기와는 다른 또 다른 창작의 고통이다. 그렇게 사유(事由)는 사유(思惟)에서 나온다. 사유를 제대로 설명하지 못하면 인정받지 못한다. 상대방을 이해시키지 못하면 "당신은 현황을 잘 모르는군요?"라고 매도되기 때문이다. 무섭고도 야멸찬 세상이다.

데카르트는 말했다. 생각하여 존재한다고. 나는 생각한다. 직장인은 사유(思惟)를 잘해서 사유(事由)를 잘 내놓아야 한다고.

그래야 월급이 나온다고.
그래서 마침내 존재할 수 있다고.

# 우리는 이미 충분히
# 잘 해내고 있다

'스마일'이라는 별명을 가진 친구가 있었다. 고등학교 때 같은 반이었던 그 친구는, 곱슬머리에 뿔테 안경을 쓰고 언제나 싱글벙글한 얼굴이었다. 무엇이 그리 즐거운지 365일 웃고 있었다. 미안한 말이지만 그 친구에겐 그렇게 웃을 만한 일이 많지 않았다. 매일 웃으며 공부했던 친구. 하지만 그 녀석의 성적은 놀랍게도 꼴찌였다.

청소 시간에 대걸레질을 하면서도 한 손엔 항상 영어 단어장이 들려 있었고, 점심시간엔 수학책을 펴고 혼자 밥을 먹곤 했다.

한번은 맨 뒷줄에 앉은 내가 시험 답안지를 차례로 걷은 적이 있었는데 '스마일'의 주관식 답안에 전혀 엉뚱한 답이 적힌 걸 보고 놀란 적이 있다. 흘깃 바라본 그 녀석은 여전히 웃고 있었다.

한 선배는 평판이 좋지 않다. 단 한 명도 그 선배에 대해 좋은 말을 하는 사람을 보지 못했다. 아마 자신도 그러한 평판에 대해 알고 있을 것이다. 나쁜 평판이 차고 넘치는데, 모르고 있다면 그것도 문제일 정도. 하지만 그 선배는 언제나 자신감으로 충만하다. 탄탄대로까지는 아니지만 생각보다 자기 길을 잘 가고 있다. 나락에 떨어진 것 같으면서도 부활하고, 잘 지낼 리 없을 상황에서도 얼굴 좋아 보인다는 소식이 들려온다.

솔직히 이 두 사람이 가진 자신감의 근거를 모르겠다. 어찌 그리 일관되게 하루를 빼놓지 않고 싱글벙글하며 자신감이 충만할까. 그 원동력은 뭘까. 자신감을 가지고 살아가려 하지만 하루에도 몇 번이고 흔들리는 내 마음을 돌아보며 그들이 가진 것들에 대해 골몰했다.

아마도 그 원천은 자기애(自己愛)가 아닐까. 나 또한 자기애의 중요성을 알고, 예전보다는 더 많이 나를 사랑하려 노력하지만 아직 두 사람만큼은 되지 않는 것 같다. 자기애라는 것이 누군가와 비교할 수 있는 개념이 아니겠지만 어쩐지 그들이 가진 것에 비해선 초라해 보인다.

그 이유는 내가 자신감을 갖는 데 어떤 근거가 있어야 한다고 생각했기 때문이다. 하지만 누군가를 사랑하는 데는 근거나 이유가 없다. 꼴 보기 싫은 모습이 있어도 그 사람을 사랑하게 되면 근거와 이유로는 설명할 수 없는 포용의 기적이 일어난다. 하물며 나를 사랑하는 데 근거를 찾고 있다니. 내가 그들의 자신감에서 근거를 찾고 있을 때 이미 그들은 행복해하고 있던 것이다.

우리에겐 때로, 아니 어쩌면 자주 '근자감'이 필요한 것 같다.
성과지표로만 나를 재단하는 회사에서 하루 대부분을 보내면서 잘한 일은 당연히 넘어가고, 실수한 일만 잔뜩 지적받는 일상을 살다 보면 어느새 나도 '회사의 시선'으로 나를 보게 된다.

제시간에 출근했으면서, 제자리를 지켰으면서, 맡은 일을 다 해냈으면서, 먹어야 할 욕을 담담히 먹었으면서도, 대단한 실적을 내지 못했다는 이유로 스스로를 자랑스럽게 여기지 못한다.

하지만 우리는 이미 충분히 잘 해내고 있다. 매일 출근을 하고, 무수한 일들을 감당하고 있다. 이미 나를 인정하고 사랑할 근거가 차고 넘친다.

너무 평범한 일상이라 존재감을 잃어버린, 나를 사랑해야 할 근거들. 그 보이지 않는 근거들을 밑바탕 삼아 자신감을 장착해보려 한다. 그러면 나도 어느 날 어마어마한 '근자감'을 장착한 어처구니없는 사람이 되어 있겠지.

그래도 좋다. 오히려 그날이 빨리 오기를.

ㅏ···          가장 확실한 건          ··· ㅈ
          미래는 불확실하다는 것


우리는 미래 앞에서 작아진다.


당장 1초 뒤의 상황도 알 수가 없으니 어찌 무기력하지 않을
수가 있을까. 오늘 하루는 그래서 악착같다. 볼 안에 수십 개의
도토리를 머금은 다람쥐처럼, 미래를 위한 대비로 가득하다.


그런데 때론 역설적으로 확실한 미래가 숨을 조여오기도 한
다. 직장인에게 확실한 미래란 참 뻔한 것이기 때문이다. 사원
은 대리, 대리는 과장, 과장은 차장, 차장은 부장이 되어가는 과

정. 이처럼 확실한 미래가 있을까? 5년 후, 10년 후의 내 모습이 도처에 널려 있다. 그리고 그 어떤 모습도 나의 기대를 충족시켜 주지 못한다.

그래서 어떤 이들은 그 확실한 미래의 궤도에서 뛰쳐나간다. 이미 자신의 미래에 다다른 사람들이 행복해 보이지 않는다는 이유다. 팀장을 바라볼 때, 고위 임원을 바라볼 때, '과연 나는 저 자리에서 행복할 수 있을까? 나는 저 자리에서 그들과 다르게 행동할 수 있을까?' 하는 생각이 든다. 감성적이면서도 합리적인 고민이다.

하지만 이것은 오만한 생각이다. 내가 뭐라고 그들의 행복 여부를 평가할까. 정해져 있는 직급에 다다른 그들의 고민과 보람, 열정과 성취를 내가 알까?

나의 꿈을 남을 통해 꾸면 안 되는 것처럼, 남의 꿈을 알지 못하는 내가 그들의 삶을 속단해서도 안 된다. 시간이 지나면 나도 어느 직급에 오르겠지만, 아직 그것은 나의 '오늘'이 아니다.

누군가 이미 정복한 산봉우리라 할지라도,

내가 오르면 다른 이야기가 펼쳐질 수밖에 없다.

올라가는 과정에서 보이는 풍경, 역경과 좌절,

보람과 성취 모두 오롯이 나의 것이기 때문이다.


어차피 삶은 불확실이라는 큰 범주에 속해 있다. 그 안에서의 확실한 미래도, 결국 불확실에 속한 '장난'이다. 확실하다고 생각한 것들도, 불확실한 운명이 그 몸을 잠깐 흔들면 모두 달라진다. 사원이 대리가 되지 못할 수도 있고, 과장이 갑자기 부장이 될 수도 있으며, 직장을 벗어나 아예 다른 삶을 살게 될 수도 있다. 다시 생각해보면 우리에게 확실한 것 따윈 없는 것이다. 가장 확실한 건, 우리의 미래는 불확실하다는 것이다.


그러니 그저 오늘을 살자고 다짐한다. 지금의 감정, 과거로부터 오는 후회, 미래를 향한 걱정과 고민 전부 너무나 당연한 괴로움이기에. 한 달에 한 번 급여를 받는 존재의 숙명이자, 지금 숨 쉬는 모든 존재들의 운명이기에. 이것만이 우리에게 확실하기에.

# 때로는
## 텅 빈 사무실에 혼자 남는다

정신을 차려보니 나 혼자였다.

쓰나미처럼 들이닥친 일들에 허덕이느라 시계를 볼 새가 없었다. 밖은 진작 어두워져 있었고, 야근이라는 단어가 무색할 정도의 시간이 되었다. 사무실은 고요했고, 나와 노트북은 외로웠다. 가지런하게 정리된 것들과 퇴근 후에 널브러진 것들이 공존하고 있었다. 누군가의 퇴근 인사조차 기억나지 않았던 하루. 어느새 홀로 남아 있는 날. 집에 가지 못한 월급쟁이는 그렇게 서러웠다.

그런데 왠지 마음은 편했다. 총성이 빗발치던 전쟁터가 마침내 고요해진 것이다. 전화통을 붙잡고 싸우는 사람도 없고, 지시와 질책을 일삼는 상사도 없었다. 내가 요청한 일에 티가 나게 인상을 찌푸리던 골칫덩이 후배도 없고, 각자 원하는 바를 얻으려 지지고 볶던 다른 팀 사람도 없었다. 아무리 새로고침을 해도 이메일이 늘어나지 않았고, 나를 찾는 전화나 긴급회의도 사라졌다.

나는 그렇게 내 업(業)에 집중했다. 모니터를 마주하고 '내 일'을 했다. 그러고 보니 나를 짓누르던 건 일이 아니었다. 사람들이 사라지니 나는 비로소 내 일에 재미를 느꼈다. 내가 왜 출근을 하고, 왜 이 자리에 앉아 있는지 자각하면서.

그러게.
무엇을 위해 그토록 고군분투하고 있을까, 나는.

좋아하는 음악을 틀어놓고 그렇게 새벽을 달려 일을 마무리했다. 몸은 피곤했지만 사무실을 나서며 맛본 새벽의 공기가 알

싸했다. 텅 빈 사무실과 '케미'가 이렇게 잘 맞을 줄이야. 사무실에 홀로 남아야 했던 시간이 나쁘지만은 않았다는 생각이 들었다. 적막한 사무실에서 나도 모르게 잃어가던 방향을 기억해내고, 무엇을 위해 이 자리에 있는지 다시 물었다.

다시 출근하면 또다시 전쟁이, 서러운 하루가 시작되겠지.
하지만 잠시간 만났던 '내 업에 집중하는 나'의 모습은
다시 일어서 나아갈 힘이 되어줄 것이다.
별거 아닌 일에는 흔들리지도 않을 만큼.
묵직하고 단단하게.

# 3장

# 포기하지 않고
# 하루를 살아낸 우리에게

나이를 떠나 우린 모두 같은 직장인이었다.
같은 밥을 먹고, 같은 일을 했다.

# 오늘도
## 일을 미루고 말았다

ㅏ···                          ···ㅠ

무슨 일을 처리하기 전에 자꾸만 딴짓을 한다. 학생 때도 그
랬다. 시험 기간만 되면 괜스레 책상을 청소하고 싶었다. 청소를
다 하고 나면 기진맥진해서 시험공부는 다음 날 벼락치기로 이
어졌다. 지금도 그렇다. 글을 쓰기 전에도 그렇고, 운동하기 전에
도 그렇다. 누가 보면 깔끔 떤다고 할 만큼 청소를 자주 한다.

그만큼 미루어지는 것들이 많다.

회사에 들어간 뒤에도 달라진 게 없다는 걸 느낀다. 중요한

보고서 제출이 있으면 한없이 밀린다. 납기가 임박해오는 보고에 투덜대면서도, 납기가 여유로운 보고서도 결국 코앞에 닥쳐야 끝내곤 한다. 왜 진작 시작하지 않았을까 하는 후회를 할 여유조차 없다. 보고들은 언제나 산적해 있기 때문이다. 그것들이 얽히고설켜 결국 모든 것이 'ASAP(as soon as possible, 가능한 한 빨리)'이다.

한번은 이런 내가 싫어 일을 네 가지로 나누어보았다.

중요하면서 급한 일
중요하지 않지만 급한 일
중요하지만 급하지 않은 일
중요하지 않고 급하지도 않은 일

사분면으로 나눠진 바탕화면 메모지에 일들을 하나하나 정리해보았다. 그러다 결국엔 그냥 '닥친 일'을 하느라 허덕였다. 일을 나누는 것도 일을 미루기 위한 청소와 같은 것이었다. 이런.

이렇게 중요하거나 해야 하는 일을 뒤로 미루는 경우는 보통 완벽을 추구하기 때문이다. '완벽하게 한 번에 끝낼 수 있을까'란 두려움은 웬만한 다짐으론 뛰어넘을 수 없다. 심리학에서는 이런 경우를 '욕구불만의 회피'라 설명한다. 욕구불만이 심화될 것 같으면 그것을 회피하거나 뒤로 미루는 것이다. 다시 출발점으로 돌아가 지금까지의 욕구불만을 해소하고자 하는 심리. 내가 청소를 자주 하는 이유다.

그런데 이제 좀 알겠다. 어차피 보고서는 1차로 끝나지 않는다. 보고서 파일명에 '최종' 말고도 '최최종', '최최최종', '진짜 최종', '정말 최종'이 있다는 건 직장인이 되면 곧 알게 된다. 글을 쓸 때도, 운동을 할 때도 마찬가지다. 일단 해봐야 다음이 있고, 하루하루가 쌓이며 조금씩 나아지게 되는 것이다.

그러니 완벽할 필요 없다고 다짐해본다. 청소를 좀 줄여보자고 마음먹는다. 다행히 오늘은 글쓰기 전에 청소를 하지 않았다. 내가 좋아하는 살바도르 달리의 말이 생각났기 때문일지도 모른다.

"Have no fear of perfection, you'll never reach it!"

완벽을 두려워하지 마라. 어차피 완벽할 수 없을 테니까!

ㅏ···          **때론 강하게, 때론 부드럽게**          ··· ㅠ
               **'리더십'**


리더: 저 방향으로 가거라!

나: 네, 알겠습니다. 그런데 저 방향으로 가려면 해결해야 할 과제가 많습니다.


리더: 저 방향으로 가거라!

나: 가다 보니, 이러이러한 문제가 생겼습니다.


리더: 저 방향으로 가거라!

나: 저쪽으로 가는 게 맞는 것 같긴 한데··· 이건 좀 해결하

고…

리더: 저 방향으로 가거라!

나: 아…. 네…!

맞는 말이다. 상사가 하는 말은 대부분, 절대 틀리지 않는다.
맞는 말만 한다. 왜냐하면 방향을 가리키기 때문이다. 대부분의
사람들은 '올바른 방향'을 알고 있다. 그 방향은 '잘 되는 길'이다.
그러니 왜 그쪽으로 가야 하는지는 잘 이해한다.

문제는, 그 방향으로 가는 길에 맞이하는 수많은 문제들이
다. 그 길이 평탄하고 매끄러운 길이면 좋겠지만 어디 현실이 그
런가. 리더에게 해결 방법을 묻는다. 하지만 돌아오는 대답은 여
전히 방향에 대한 것이다.

나: 이거 정말 해결하기가 쉽지 않은데요?

리더: 지금 방향에 대해 의심을 하는 것이냐?

나: 아, 아닙니다.

리더: 그렇다면 저 방향으로 가거라!

속으로는 '리더님께서 해보시죠'라는 말을 수백 수천 번 되뇐다. 축구 선수들에게 큰 소리치며 지도하는 감독에게, 직접 뛰어 보라고 하는 것과 같다.

감독: 자, 우리는 두 가지가 문제야. 바로 '공격'과 '수비'! 그 두 가지만 제대로 해보자고!
선수: 네? 아아, 맞는 말씀입니다! (그럼 감독님께서 한번? 감독님 선수 시절엔…)

재밌고도 슬픈 건, 내가 리더의 자리에 서게 되면 똑같다는 것이다.

나: 저 방향으로 갑시다!
상대: 저 방향이 맞습니까?
나: 아, 그러니까… 네, 맞습니다. 저 방향으로 갑시다!
상대: 저기로 가려면 이러한 어려움이 있는데요?

나: 아, 그런가요? 어떤 어려움이죠?

상대: 이러이러한 어려움이요. 이제 제 말 이해하시겠죠?

나: 잘 알겠습니다. 그래도 저 방향으로 가시죠!


리더는 방향에 집착한다. 그럴 수밖에 없다. 리더라고 항상 맞는 것은 아니기 때문이다. 무엇을 해야 할지 모를 때 방향은 우리에게 신념을 선사한다. 그것을 믿고 가다 보면 해결된다. 해결하지 못하더라도 또 다른 방향을 볼 수 있는 기회가 생긴다.


방향을 보지 못하는 사람들을 이끌며 그것을 천명하기란 쉬운 일이 아니다. 자칫 실무도 모르고 아무것도 안 하면서 방향만 읊조린다는 오해를 살 수도 있다. 물론 그런 사람도 있다. 하지만 진정한 리더는 자신의 방향을 고수하며 사람들이 그것을 이해할 수 있을 때까지 이끌고 만다. 그게 리더십이다. 때론 강하게, 때론 부드럽게, 때론 절묘하게. 이제 조금은 이해를 해도 괜찮을 것 같다. 상사들이 그러는 이유.

# 우리 모두
## 먹고살기 위한 존재

"이거 다 먹고살자고 하는 짓인데, 뭐라도 먹고 와서 밤새자!"

야근을 하다 서로 배가 고프다고 난리를 쳤다. 그리고는 다시 사무실로 돌아와 꾸역꾸역 일을 마친다. '먹고살자고 하는 짓'은 그렇게 매일 반복된다.

직장엔 먹고살기 위한 존재가 수두룩하다. 월급을 받는 모든 이들. 서로의 '먹고사니즘'이 얽히고설켜 있다. 그 안에서 이뤄지는 업무와 정치, 암투와 갈등 그리고 협업은 모두가 먹고살 위한 몸부림이다. 너와 내가 아니라, 내 밥줄과 너의 밥줄이 충돌해 회사를 굴리고 있는 것이다.

먹는 것은 또한 아주 기본적이면서도 고차원적인 고민이다. 참으로 존엄하게 구체적이다.

'점심 뭐 먹지? 저녁 뭐 먹지?'

이건 지상 최대의 과제다. 그 지상 최대의 과제는 하루에 세 번 이상 찾아온다. 그래서 또 고달프다. 출장길에 어르신을 모시고 다니면 먹는 것이 참으로 큰 과제다. 그저께 한식을 먹었고, 어제 지역 음식을 먹었고, 오늘 중식을 먹었으니 내일은 뭐 먹지? 아, 배부른 고민이지만 영 든든하지가 않다.

그런데 문득 그런 생각이 들었다. 나는 먹는 걸 잘하고 있나? 먹고살기 위해 뭐라도 해야 하는 운명인데, 막상 먹는 걸 잘하고 있는지는 통 모르겠다. 먹고살기 위해 고군분투하는데 잘 먹고 있는지는 모르겠다니. 맛을 음미하고, 그것이 내 살과 피가 되는 과정을 온전히 느낀 적이 있었던가. 그저 시간에 쫓겨, 스트레스에 몰려 후루룩, 우걱우걱한 기억밖에 없다. 조금은 서글퍼진다.

"혼자 잘 먹고 잘살아라!"

얄미운 누군가의 뒤통수를 바라보며 모두가 한번쯤 외쳐본 적이 있는, 욕에 가까운 말이다. 하지만 요즘엔 이런 말을 하는 사람이 거의 없다. 정말 그 사람이 잘 먹고 잘살까봐 그런가 보다. 먹고사는 것이 고달프니 욕도 후하지가 않다.

나는 잘 먹고 잘살고 싶다. 내가 입에 집어넣는 모든 것들의 맛과 향을 온전히 즐기고 싶다. 그것으로부터 힘과 즐거움을 얻어 오늘 하루를 잘 보내고 싶다. 그래서 먹고사는 게 고단하다고 생각하기보단, 그 과정을 즐겁게 누리고 싶다. 마냥 쉽지만은 않을 거라는 걸 잘 알면서도.

ㅏ···                        ··· ㅠ

# 시간이 흐르면서
# 나라는 사람이 드러난다

"아, 손흥민 선수 공을 놓쳤어요! 저건 공이 잘못한 거죠. 우리 완벽한 손흥민 선수가 저럴 리 없어요!"

아시안 게임 축구 경기를 보다가 입안에 머금고 있던 수박을 뿜을 뻔했다. 분명, 손흥민 선수의 실수였다. 컨디션이 좋지 않았는지 그날 따라 볼 컨트롤이 좋지 않았다. 특별 게스트였던 해설위원은 그런 멘트를 날리면서도 사뭇 진지했다. 그래서 더 웃겼는지도 모른다. 잠시 정적이 흐르고, 옆의 아나운서와 또 다른 해설위원도 피식하며 반응했다.

"그러니까 공이 잘못한 거라고요? 하하… 하아아."

끝내 수박을 뽑지 않은 건, 이러한 모습이 낯설지 않아서였다. 순간 떠오른 직장에서의 기억들이 얼굴 근육을 굳게 했고, 웃음기를 쏙 뺐으며, 내 고개를 서서히 끄덕이게 했다.

직장에서도 좋지 않은 성과를 두고, 다른 평가를 받는 경우가 허다하다.

"어? 저 친구가 왜 그러지? 저럴 친구가 아닌데. 분명 사업 환경이 안 좋았거나 무슨 일이 있을 거야!"
"하! 저 친구가 하는 일이 그렇지 뭐. 어째 불안 불안했다."

전자는 이미지가 좋은 경우다. 후자는 당연히 이미지가 좋지 않은 경우다. 물론 단순히 이미지가 좋고 안 좋고의 문제로만 판단할 순 없다. 이미지가 좋으면서 일도 잘하는 사람이 있고, 일하는 능력은 그저 그런데 이미지만 좋은 경우도 있기 때문이다. 한편 이미지는 안 좋은데 일은 잘하는 사람, 일도 못하고 이미지도 안 좋은 사람도 있다.

그렇다면 회사에서 이미지는 어떻게 형성될까? '자라 보고 놀란 가슴 솥뚜껑 보고 놀란다!'란 속담이 있다. 우리는 트라우마라는 단어를 알고 있다. 트라우마에는 기억과 감정이 연계되어 있다. 우리 뇌 안에서 기억을 관장하는 해마는 편도핵과 바로 붙어 있는데, 편도핵은 감정을 관장한다. 그래서 우리는 어떤 기억을 떠올릴 때 그 당시에 느꼈던 감정도 함께 떠올리게 된다. 그 기억과 감정들은 단편의 사건들이 모여 만들어질 수도 있고, 그냥 첫인상에서 느껴지는 신뢰감이나 그날의 기분에 따라 결정될 수도 있다.

이쯤 되면 좋은 이미지를 갖는 것 따위는 포기해야겠다는 생각이 든다. 내가 어떻게 하느냐보다는 상대방의 기억과 감정에 따라 나의 이미지가 결정되니 말이다.

내가 다른 사람의 이미지를 결정하는 방법도 크게 다르지 않다. 괜히 좋은 사람, 주는 것 없이 미운 사람은 아주 쉽게 갈린다.

이미지도 그와 궤를 함께한다. 그러니까, 내 이미지가 누군가에게 잘못 박혀 있다고 해서 억울해할 필요 없다. 나 때문에 억울할 사람도 많기 때문이다.

예전에는 어떻게든 내 이미지의 긍정적인 부분을 '드러내고자' 애썼던 것 같다. 하지만 요즘은 '드러나는' 방향을 꾀하려고 노력한다. 드러내는 데 치중하다 보니 알맹이는 없고 조급해지기만 하는 나 자신을 발견했기 때문이다.

내가 할 일을 찬찬히 해내고 내실을 다지면
시간이 흐르면서 나라는 사람이
자연스럽게 드러난다는 걸 알게 되었다.
그리고 그렇게 성립된 나의 이미지는 쉬이 흔들리지 않았다.

그럼에도 난 오늘도 좋은 이미지를 위해 고군분투한다. 직장에서 이미지는 정말 중요하기 때문이다. 어쩔 수 없다. 때로는 이미지에 따라 (성과와 관계없이) 승진과 인센티브가 결정되고, 누군가는 (역량과 관계없이) 승승장구하니까. 이런 맥락에서 이미지는 절대 허상이 아니다. 적어도 직장에선 말이다. 구천을 떠도는 귀신처럼, 오늘도 직장에는 저마다의 이미지가 사방팔방 날아다니고 있다.

# 인정받으려고
# 애쓰는 나날

"저기, 저기, ○○○ 봤어?"

점심을 먹고 나오는 길에 동기가 소리쳤다. 회사 근처에 방
송국이 있어 연예인을 가끔 보는 편인데, 돌아보니 작은 얼굴에
호리호리한 여자 연예인이 매니저와 함께 우리가 가려던 식당에
서 막 나오던 참이었다. 예뻐 보여서라기보단 주위 사람들 얼굴
크기의 반밖에 되지 않는 얼굴 때문에 시선을 빼앗겼다. 소란한
우리를 잠시 의식하다가 그 무리는 곧 사라졌다.

우리같이 소란 떠는 사람을 보면 연예인은 참 피곤하겠구나 하는 생각이 들었다. 사생팬이나 스토커에 시달리는 연예인들의 이야기도 심심찮게 들린다. 주목받는다는 것이 그렇다.

하지만 연예인들은 무명일 때 주목을 꿈꾼다. 연예인은 사람들의 사랑과 관심을 먹고살기 때문이다. 그리고 유명해지면 아무도 자신을 몰라보던 때를 그리워한다.

어쩐지 직장인의 삶이 연예인과 다르지 않다는 생각이 들었다. 연예인이 사랑을 먹고 살아간다면, 직장인은 인정을 먹어야 한다. 관심이란 범주로 묶으면 크게 다르지 않은 메커니즘이다.

인정을 받아야 월급이 오르고 승진한다. 월급과 승진을 빼면 직장인은 아무것도 아니다. 그래서 직장인은 인정받으려 아우성이다. 어떤 이는 실력으로 승부하고, 어떤 이는 1인자에 기대고, 어떤 이는 아부나 기회주의를 무기로 살아남는다. 예능이 따로 없다.

나도 인정받으려 무던히도 애써왔다.

그런데 인정을 받으면 받을수록 버거웠다.

연예인이 유명세를 치르며 느끼는 부담, '왕관의 무게'도 비슷하지 않을까.

무대에 설 일이 많아지다 보니 기대 이상을 충족시키기 위해 온전히 자신을 갈아내야 하는 상황이 많아진다. 이래저래 간섭하는 사람도 많다. 인정받으면 받을수록 한 치의 오차나 실수도 용납되지 않는다.

연예인의 인기와 직장인의 인정은 전진(前進)만 허용한다. 후진하는 순간 불안하고 두렵다. 열정과 꿈으로 시작하지만 현실이라는 관문을 통과한 뒤에는 생존만이 남는다. 뒤처진다는 생각이 들면, 그 어떤 스트레스보다 심한 압박을 받는다. 쉬지 못하고, 마음의 여유를 찾기 어렵다.

해외 고객 앞에서 나와 회사의 '생존'을 위해, 노래방 테이블에 올라 〈강남 스타일〉을 부른 기억이 허다하다. 모두가 즐거웠던 그 시간을 돌아보면 난 영락없는 연예인이었다. 난 직장인이 연예인보다 더 다재다능하다고 생각한다. 일과 커뮤니케이션 능력, 정치력은 물론 예능감까지 갖춰야 하니.

그래도 '세상 쓸데없는 걱정이 연예인 걱정'이라는 말이 있을 정도로 그들은 잘 먹고 잘산다던데. 언젠가는 '가장 쓸데없는 걱정이 직장인 걱정'이라는 말이 생겼으면 좋겠다.

ㅏ···                  딱 그 정도의 거리가            ··· ㅠ
                          좋다


　　시대가 정말 많이 변해서 '워라밸'이란 말이 생기고, 야근보다
는 퇴근을 장려하는 문화가 생겼다. 일은 줄지 않고, 아직도 과
도기이긴 하지만 어쨌든 회식 문화도 변화를 맞이해, 저녁이면
비틀거리는 직장인의 비애 섞인 춤사위가 줄고 있는 것을 체감
한다.


　　나는 지인들에게 시대를 잘 태어난 것 같다고 말한다. 술과
담배를 하지 않는 나로선, 80~90년대 성장의 시대에 직장 생활
을 했다면 사회 부적응자가 되었을 것이 뻔하기 때문이다. 담배

태우는 군집은 소소한 것부터 큰 것까지 그 자리에서 정보를 교류한다. 간혹 그 와중에 대사(大事)가 결정되기도 한다.

회식 자리는 부족한 업무 역량을 커버할 수 있는 좋은 무대였다. 모두가 그런 건 아니지만 일은 제대로 하지 않으면서 3~4차까지 이어지는 끈끈한 정(?)을 바탕으로 직장 생활을 연명하는 자가 많았다. 이러한 맥락에서 나는 그 당시의 '인맥'이란 걸 쌓아 올리기에는 영 소질이 없는 사람인 것이다.

요즘은 성장이 정체되고 기업의 생존이 곧 사활이 되면서 담배 피우러 가는 시간도 분 단위로 체크되고, '워라밸'을 위해 퇴근 시간이 지켜지고 회식 또한 많이 줄었다. 집중근무제가 운영되며 업무에 몰입하라는 압박이 밀려온다. 그러니 역량은 없으면서 술자리에서 튀어 상사에게 잘 보이는 것으로 먹고살려는 시도가 통할 리 없다. "에이, 형~ 에이, 누나~ 왜 그래? 좀 해줘~!"라는 말이 더 이상 유효하지 않은 것이다.

직장에는 괜스레 친해지고 싶은 사람이 있다. 그리고 이유없이 싫은 사람도 있다. 그래서 호칭도 갈린다. 편한 사람에겐 당연히 편한 호칭이 나온다. 그 옛날 인맥에 소질이 없다고 느낀 나는, 편한 호칭으로 부를 수 있는 사람이 많지 않아 내심 불안했었다. '인맥이 중요한 직장에서 살아남지 못하면 어쩌지'라는 불안감이었다.

지금은 그보단 업무에 집중할 수 있다. 직장 생활을 해보니 아무리 '형', '동생' 해도 결국 일을 못하면 서로에게 도움은커녕 피해가 된다. 직장은 (회사 체질이 아닌) 사람들이 모여, (하기 싫은) 일을 하는 곳이다. 다들 신경이 곤두서 있고 저마다의 성과지표가 다르다. 그래서 이제는 편한 호칭이, 새벽 3~4시까지 같이 있었던 추억이 문제를 해결해주지 않는다. 모자란 역량을 커버해주지도 못한다. 호칭이나 인맥에 연연하지 않아도 되는 시대라는 말이다.

자신의 역할에 최선을 다하고, 역량을 끌어올리면
어느샌가 주위엔 호칭에 연연하지 않는 좋은 사람들이 가득할 것이다.

너무 깊은 사랑은 사랑이 아니다. 호칭에 연연하지 않아도, 역량 있고 좋은 사람은 서로를 존중하고 서로를 알아본다. '친구보다 먼, 타인보다는 가까운' 나는 딱 그 정도의 거리가 참 좋다.

# 직장인,
## 서로가 불완전한 타인이기에

최근 영화 한 편을 봤다. 휴대폰의 모든 정보를 공유하다 주인공들이 곤경에 처하는 내용이었다. 시작은 코미디 영화처럼 보였지만 메시지 알림이 울리고 전화벨이 울릴 때마다 공포영화로 변해갔다. 서로가 완벽하게 타인이 아니기에, 휴대폰에 담긴 내용들은 서로에게 소리치고 슬퍼하고 분노하게 했다. 그러나 결국 영화가 말하고 싶은 건 나를 제외한 주위 사람들은 모두 타인일 뿐이란 것이다. 그것도 완벽하게. 함께 살아온 세월이나 당장 폭발할 듯한 사랑의 크기도 무의미하다. 각자의 비밀 앞에서 그것들은 한낮 허공에 날리는 깃털과 같았다. 사람은 그렇게 철저히 혼자고, 지독하게 외롭고, 이기심으로 가득하다.

그렇게 타인이란 말을 곱씹다가 직장을 떠올렸다. 타인들이 모인 곳. 일이 아니었다면 만나지도 않았을 사람들. '완벽한 타인'이란 말이 잘 어울린다. 실제로 일로 얽이지 않으면 같은 사무실 공간에 있어도 인사조차 할 일이 없다. 어떤 일로라도 얽여야 그제야 이름을 나누고 안면을 튼다.

사실 이미 그전부터 그 사람에 대한 이미지는 형성되어 있다. 오가다가 본 인상이나 행동, 묻지도 않았는데 들려오는 말들 덕분이다. 직장은 생각보다 무서운 곳이다.

함께 일을 하다 보면 완벽하게 타인이 되기 어려워진다. 타인은 타인인데, 불완전한 타인이 되는 것이다. 같이 하지 않으면 안 되는 일이 많기 때문이다. 때로는 상대방을 넘어서야 가능한 일도 있다. 목표가 같다면 같이 해야 하고, 목표가 다르다면 넘어서야 한다. 각자의 밥줄이 얽히고설켜 있어 그 관계의 복잡도는 상상을 초월한다.

때론 타인이 아닌 척 친근감을 표시하기도 하고, 또 때론 무자비하리만치 등을 돌려 타인을 표방하기도 한다. 아예 모르는 사람끼리는 그럴 수 없다. 타인이면서 타인이 아니니 가능한 일. 그렇게 직장인은 서로 불완전한 타인이다.

서로 '형', '동생'이라 부르며 친근한 호칭을 쓰는 사람도 많지만 어쩌면 타인이라는 장벽을 거두려는 수작일지 모른다. 힘든 직장 생활 동안 그렇게 편하게 부르고 지내는 사람이 있다면 위로가 될 수도 있겠으나, 각자의 밥그릇이 걸리면 무의미한 일이 된다. 친한 누군가를 위해 내가 승진을 양보하거나 회사를 대신 그만두어줄 상황은 발생하지 않을 테니까.

불완전하지만 타인이기에 그나마 마음이 덜 무겁다.
불완전하게 타인이라서 위로가 되는 셈이다.
직장인은 그렇게 철저히 혼자고,
지독하게 외롭고, 이기심으로 가득하다.

# 다름과 틀림의
# 사이에서

나는, 특히 직장에서 상대방이 말할 때 다름과 틀림을 구분하여 사용하는지 주의 깊게 관찰한다. 다름과 틀림은 그 뜻이 같지 않은데, 틀림으로 통용되는 경우가 많기 때문이다. 예를 들어 사과와 배는 '틀리다'고 말하는 사람이 꽤 있다. 하지만 사과와 배는 '다른' 것이다. 틀리고 말고 할 성질의 것이 아니다.

우리는 '다름'을 용인하지 않는 문화 속에 살고 있다. 시대가 변하고 세대와 문화가 많이 바뀌면서 나아지고 있다고는 하지만 한국인이라는 집단의 무의식은 쉽게 변하지 않는다.

외부 침략에 자주 노출된 나라의 운명은 사람들을 결집하게 했고 집단주의를 이루었다. 외세에 집단으로 대항하며 살아남았고 품앗이로 서로를 도왔다. 그러면서 개인주의는 상대적으로 악(惡)이 되었다. 남들과 다르면 이상한 것, 무례한 것, 틀린 것이 된 것이다. 지금은 과도기라 해도 과언이 아니다. 집단주의의 피를 안고 태어난 우리에게 개인주의의 시대가 열렸는데 이 두 가지가 어설프게 부딪히면서 충돌도 많이 일어난다.

다름과 틀림을 적절하게 사용하는지 유심히 바라보는 이유는, 두 단어를 제대로 사용하지 않는 사람이라면 '다른' 것을 '틀리게' 볼 가능성이 높기 때문이다. 다른 것을 틀리게 보기 시작하면 갈등이 일어난다. 직장은 집단이다. 혼자서는 일을 할 수 없다. 함께 일하는 가운데 각 개인을 존중하고 배려해야 한다. 이런 상황 속에서 다름과 틀림을 구분하지 못하는 사람이 많다면 직장 생활은 더 힘들어진다.

나와 다른 남을 틀렸다고 규정하는 사람은, 자신도 남과 다르다는 것을 부정하거나 모르는 사람이다. 자신은 그렇지 않다고 항변하는 사람이라면, '다름'과 '틀림'의 차이를 알면서도 일부러 '틀리다'라는 말을 사용한다. 이런 사람이 나쁜 사람이라면, 자신이 어떤 말을 사용하는지도 모르는 사람은 무서운 사람이다. 스스로 알지 못하면서 무의식적으로 다른 것을 틀리다고 말하며 대상을 규정한다니, 생각만으로도 무시무시하다. 그 어떤 설명이나 논리도 이 사람에게는 통하지 않을 것이기 때문이다.

어쩌면 나도 다름과 틀림을 구분하지 않는 사람들을 틀렸다고 규정하고 있는지도 모른다.
그들은 나와 표현을 다르게 하는 것뿐인데,
나조차도 무조건 그들이 틀렸다고 말하는 것이다.

오직 나 자신만이 기준이 될 때 얼마나 많은 다름이 틀림이 되어버리는 걸까. 다름은 다름일 뿐이다. 누가 봐도 틀린 건 세상에 그리 많지 않다. 시간이 지날수록 더 깨닫는다. 각자의 개성과 사연이 우리의 다름을 만들어내고 그건 틀린 게 아니라는 걸.

ㅏ···                 **살얼음판을**              ···ㅠ
                     **걷는 기분**


"이번에 새로 오신 사장님, 뒤끝 장난 아니래. 한 번 찍히면
끝이라던데?"


아무래도 고위 임원이 되기 위한 필수 조건은 '뒤끝'이 아닌가
싶다. 새로 오시는 고위 경영진이나 상사들을 파악하기 위해 이
리저리 귀를 쫑긋해보면 뒤끝이 없다는 분을 보지 못했다.


어쩌면 그것이 우리를 숨 막히게 하는 것 같다. 감히 그분께
반대되는 이야기를 할 수 없고 묻는 말에 제대로 대답을 못하거

나 실수라도 해 눈 밖에 나진 않을까 노심초사한다. 살얼음판을 걷는 듯 매 순간 긴장을 놓지 못한다.

만약 (정말 그래야 하지만) 그 고위 임원의 생각이 옳고, 전략 방향이나 의사결정이 제대로 된 것이라면 그분의 뒤끝은 회사를 위해선 바람직한 덕목이다. 그 뒤끝이 무서워 지시한 바를 사람들이 잘 따르고 성과가 난다면 말이다.

문제는 그분이 항상 옳지는 않다는 데 있다. 그리고 뒤끝이 무서워 움직이는 사람들도 행복하지 않다는 데에 있다. 행복하지 않은 사람들이 내는 성과는 말라비틀어진 마음을 짜내어 억지로 만든 무엇이다. 연봉은 수 배 차이가 나는데 뒤끝의 크기는 그분들과 나의 것이 다르지 않은 것을 깨달을 때마다 뭔가 씁쓸함이 느껴진다.

아마도 사람이니까 그러겠지, 나라고 뭐 다를까.
지나온 날들을 돌아보면
나의 뒤끝에 실망하고 낙담한 사람도 부지기수일지 모른다.

아니, 분명 그럴 것이다.

어차피 그렇게 뒤끝을 부려야 한다면 옳은 쪽으로, 발전적이기를 바라본다. 개인의 감정과 안위보다는 좀 더 큰 그림을 보며 뒤끝을 부리면 나아지지 않을까. 나의 뒤끝이 정의로웠으면 좋겠다.

# 휴가 중에도
# 일은 구천을 떠돈다

"안녕하세요. 어디 지역 누구입니다. 지난번에 보내주신 그 자료 관련해서요⋯."

나는 휴가 중이었다.

저 멀리 해외에서 걸려온 전화라 발신 번호를 보고는 업무 전화라는 걸 직감했다. 그럼에도 전화를 받았다. 휴가 중이긴 하지만 그렇다고 직장인이 아닌 것이 아니다. 엄연히 내가 맡은 업무가 있고, 내가 휴가 중이라도 그 업무는 진행이 되고 있기에. 심호흡을 한 번 하고 "지금 휴가 중이거든요?"라는 말이 튀어나오려는 걸 스스로 가로막았다.

상대방의 입장을 헤아려본다. 그는 내가 휴가인 줄 모르고 전화한 것이다. 내가 휴가 중이라도 일은 구천을 떠돈다. 그렇게 여기저기를 떠돌다 결국 나에게 온 것인데 그 물꼬를 전화한 사람이 튼 것이다. 그러니 내가 휴가라고 톡 쏴서 말하면 상대방은 영문도 모른 채 미안해해야 한다. 그리고 기분도 유쾌하지 않을 것이다. 설령 휴가라는 것을 알고도 전화를 했다면 오죽 급해서 그랬을까. 그저 그렇게 나는 직장인이고 전화한 사람은 나름의 사연이 있을 거라는 생각으로 흔쾌히 전화를 받았다.

똑같이 월급 받는 사람끼리 서로 짜증내서 뭐할까. 휴가 중에 업무 전화 받았다고 짜증내며 남은 시간을 망치는 것보단 최선을 다해 응대하고 남은 시간을 다시 즐기는 것이 낫다. 내가 전화를 했을 때, 상대방이 휴가가 아니란 법도 없는 것이니까.

주 40시간 근무, 대체 공휴일, 징검다리 휴일 등. 경험상 근

무 시간이 줄고 휴일이 많아진다고 일의 양이 줄어들진 않는다는 걸 알게 되었다. 그러니 앞으로도 이러한 전화를 주고받을 일은 더 늘어날 것이다. 서로가 기분 상하지 않게, 한 달 벌어 한 달을 버티며 사는 가련하고도 기특한 존재들임을 서로 격려하며, 휴가 중에 걸려온 전화도 흔쾌히 받을 수 있었으면 좋겠다. 물론 그 시작은 나로부터.

# 어떤 사직서는
# 발걸음을 멈추게 한다

"고인의 명복을 빕니다."

직장은 사람들이 모인 곳이다 보니 업무 말고도 희로애락(喜
怒哀樂)을 함께 나누게 된다. 그러다 보면 '그 사람들의 사람들'이
태어나기도 하고 세상을 떠나기도 한다. 입사를 하면 언젠간 퇴
사하는 것처럼, 사람은 태어나 때가 되면 이 세상에 사직서를 날
린다.

가장 많이 보게 되는 부고는 부모상(父母喪)이다. 바쁜 업무

중, 수많은 메일 속에서도 그것은 돋보인다. 검은 삼각형을 두른 제목의 그 이메일은 자세히 보지 않아도 눈에 걸린다. 그럴 때면 나의 부모님이 떠오른다.

조모, 조부상의 경우엔 상을 당한 사람이 오히려 부담스러워한다. 호상이라며 애써 분위기를 수습하고, 절대 장례식장엔 오지 말라며 손사래 친다. 그렇게 마주한 이메일에 심심한 위로를 표하고 나면 사람들은 또다시 업무에 전념한다.

입사 3년 차 때였던 것 같다. 그동안 보지 못했던 부고 제목을 단 이메일을 마주하고는 잠시 멍하니 앉아 있었다. 정신을 차리고, 옆 선배에게 물었다.

"과장님, '본인상'이 뭐예요?"

상식적으로 알아차릴 수밖에 없었지만 마음은 그것을 받아들이지 못했다. 친근한 이름 석 자와 그 옆에 붙은 본인상이라는 단어는 당최 어울리지 않았다. 불과 며칠 전까지만 해도 웃고 떠들었던 선배. 때론 그의 업무 스타일에 불만을 토로하며 후배들 끼리 안줏거리로 삼았던 사람이었다. 그를 좋은 선배라 칭할까 나쁜 선배라 칭할까 정하지도 못했는데 그는 이 세상에 사직서 를 날린 것이다.

본인상을 당한 망자들은 우리의 발걸음을 잠시 멈추게 한다. 그저 앞만 보며 달리는 우리에게 경종을 울린다. 나를 돌아보게 하고, 가족을 생각하게 하며, 삶의 가치와 목적은 무엇인지 곱씹 게 한다. 우리는 무엇 때문에 쉬지도 않고 뛰고 있는가. 같은 월 급쟁이들끼리 왜 이리 서로 지지고 볶는가.

그러나 멈춤은 그리 오래가지 않는다. 망자는 잊히기 마련이 며, 산 자들은 그들의 삶을 살아간다. 살아 있는 자들의 업무는 끝이 나지 않으며, 닥친 일들은 숨 쉴 틈조차 주지 않는다.

그 후로도 본인상의 이메일을 몇 번 더 받게 되었다. 나보다 어린 사람도 있었고, 동료도, 선배도 있었다. 나이를 떠나 우린 모두 같은 직장인이었다. 같은 밥을 먹고, 같은 일을 했다. 때로

는 먼 출장을 가 있거나 다른 나라로 파견을 가 있는 게 아닐까
하는 착각으로 그리움을 달랜다.


우린 모두 언젠가,
지금 다니고 있는 회사를 퇴사할 것이다.
우린 모두 언젠가,
지금 살고 있는 세상에도 사직서를 낼 것이다.


나는 아름다운 퇴사를 할 수 있을까? 나의 부고는 다른 이들
에게 어떤 의미일까? 멈춘 발걸음을 다시 옮기는 데 조금 더 시
간이 걸리는 날이다.

# 나는
## 오늘 무엇을 쌓고 있는가

　　마일리지가 쌓여 등급이 올랐다는 안내문을 받고 많은 생각
이 교차했다. 세일즈맨으로 산 지 십수 년. 비행기의 작은 공간,
좁은 의자에 몸을 맞추어 앉아 10시간 넘게 이동하면 피곤함과
뻐근함, 시차의 고통과 마일리지가 남는다.

　　마일리지는 숫자다. 그리고 그 숫자는 내가 어느 정도의 거
리를 이동했는가 짐작케 해준다. 무던히도 다녔다. 쌓인 숫자만
큼이나 오롯한 시간이 내 안에 축적되었다. 혜택도 늘어난다. 다
른 사람들보다 탑승을 먼저 하거나, 전용라인을 통해 보안검색

시간을 줄일 수 있다. 짐을 좀 더 많이 보낼 수 있고, 라운지를 이용할 수 있는 바우처도 제공받는다.

마일리지가 쌓이듯 다른 것들도 쌓여간다. 나이가 그렇다. 나이는 소멸되지 않는다. 마일리지처럼 유효 기간도 없다. 이월이 되거나 추가 적립되지도 않고 정직하게 1년 단위로 쌓인다.

하지만 나이는 내가 얼마만큼의 노력을 했는지, 무엇을 경험했는지, 연륜은 쌓았는지 정확히 보여주는 건 아니다. 나이가 많다고 현명한 것도 아니고, 나이가 적다고 어리숙하기만 한 것도 아니다. 마일리지는 거리와 비례하지만 나이는 성숙도와 비례하지 않는 것이다.

마일리지와 나이가 합쳐져 '나일리지'란 말이 생겼다. 이런 신조어를 만드는 사람들에게 경의를 표하고 싶다. 그저 말장난에 그치는 게 아니라 작금의 상황을 잘 우려내기 때문이다. 마일리지가 높은 사람 중에 혜택을 특권이라 착각하는 사람들이 꽤 있다. 서비스에 문제가 생겼을 때 소리를 치거나 난동을 부리는 사람들, 항공사 직원의 얼굴에 삿대질하는 사람을 여럿 봤다. 그리고 땅 위에는 나이를 마일리지로 착각해 후배 직원들에게 그와 같은 행동을 하는 사람들이 수두룩하다.

덜컥 겁이 난다.

나는 지금 무엇을 쌓고 있는가.

쌓은 마일리지만큼이나 탄탄한 업무 경험을, 쌓인 나이만큼이나 빛나는 지혜를 쌓고 있는 걸까.

4장

# 조금 더
# 단단한 내가 된다

어른이 되고 싶지 않지만 어른이 되어야 하는 순간.
스스로에게도 상처다.

# 보기보다 무거운
# 목걸이

"아, ID 카드를 놓고 왔네."

집을 나설 때 꼭 확인하는 것이 있다. 휴대폰, 지갑 그리고 ID 카드. 그래도 1년에 몇 번씩 세 가지 중 두어 가지를 놓고 온다. 꼭 회사에 도착하면 생각이 난다. 인생이 그렇다.

ID 카드가 없으면 나는 익명(anonymous)이 된다.

십수 년을 다닌 회사지만, 그 카드가 없으면 나는 내 책상으로 갈 수가 없다. 누가 증인으로 나선다고 한들 될 일도 아니다.

안내데스크로 가 시스템으로 신원을 확인한다. 그리곤 내가 가진 다른 신분증을 내주고 임시 카드를 받는다. 임시란 글자를 보고는 동료들은 눈짓을 한다. 나는 그 눈짓의 의미를 짐작할 수 있다. "또?" 혹은 "나도, 어제!" 둘 중 하나다.

직장인이라면 목에 하나씩은 걸고 있는 그것. 사원증이라고도 한다. 줄이나 표면 어딘가에 회사 로고가 박힌 카드 모양의 그것은, 공식적으로 그 회사의 소속임을 증명한다. 취업준비생 시절엔 그게 그렇게 부러울 수가 없었다. 마치 군대에서 훈련병이 이등병의 작대기 하나를 앙망하는 그것과 다르지 않다. 하지만 이등병이 되면 이야기가 달라진다. 취업준비생도 마찬가지. 사원증을 목에 걸면 그것의 무게를 깨닫게 된다.

막 취업을 한 신입에게 사원증의 무게는 가볍다. 어딘가에 소속되었다는 안도감, 어려운 취업을 '뽀갰다'는 성취감에 취해서다. 신입 사원 때 사원증은 자부심과도 같았다. 더 이상 학생이 아니라는, 세상을 향해 나는 이제 어엿한 어른이라고 외치는 객기의 원동력이기도 했다.

하지만 이내 그 무게가 점점 더 무거워지고 있다는 것을 느낀다. 누군가는 '개 목걸이'란 표현도 서슴지 않았고, 나는 동의했다. 대리 땐 그 '동의'가 절정에 다다랐다. 사원증이 더 무거워지기 전에 이곳을 빠져나가야 한다는 생각이 몸을 부추겼다. 다른 회사, 공부 모임에 이리저리 기웃거렸다. 별 소득은 없었다.

그러는 와중에 사원증의 무게는 시나브로 늘어났다. 어느새 사원증엔 '가정'이라는 액세서리가 붙었다. 그 무게를 말해 뭐할까. 이젠 빼도 박도 못하는 지경에 이른 것이다.

그렇다고 불행하기만 한 건 아니다. 열심히 일한 대가로 어찌 되었건 가족을 건사한다. 그 과정에 느끼는 인생의 맛은 달고, 쓰고, 짜고, 맵고, 시다. 인생의 묘미다.

시간이 갈수록 사원증의 무게만 늘어나는 게 아니다.
내 목의 근육도 한껏 단단해진다.
사원증의 한 귀퉁이에 가정 말고도 '다시 열정'이나 '그래, 한 번 해보자'란 액세서리를 스스로 달 수 있을 정도로.

어차피 이번 생이 직장인이라면, 까짓것 끝까지 가보자는
것이다. 이 무거운 플라스틱 카드를 잘 챙겨 다니면서.

# 구두를 신는 데 용기가 필요하단 걸 어릴 땐 몰랐다

어렸을 적 아버지가 퇴근하시는 것을 나는 곧잘 알아채곤 했었다. 또각또각 구둣발 소리가 골목 어귀에서부터 들려왔는데, 좁은 골목의 두 벽면에 반사되어 그 소리가 좀 더 선명하게 들렸다. 아버지의 구두 소리가 반가웠던 건 아버지 손에 들려 있을 무언가에 대한 기대였다. 가족들을 위해 항상 무언가를 사들고 오셨기 때문이다. 과자부터 치킨, 또는 과일. 월급의 어느 일부와 교환된 그것들은 달고 맛있고 상큼했다. 그리고 그 기억은 초등학교 1학년에서 멈췄다. 그즈음 아버지가 돌아가셨기 때문이다.

구두는 그렇게, 아버지를 생각나게 하는 일종의 상징이 되었다. 어른의 이미지로도 각인되어 있다.

실제로 내가 구두를 신어야 했던 때는 일자리를 구해야 했던 때와 일치한다. 누군가에게 정중함을 보여야 하는 자리. 그렇게 구두를 신고, 일자리를 얻어 직장인이 되고, 결혼을 하고, 나는 아빠가 되었다. 그리고 내 구두도 여지없이 또각또각 소리를 낸다. 손에는 내 월급의 일부와 교환된 과자나 치킨, 또는 과일이 들려 있다. 아이들은 그것을 달고 맛있게, 그리고 상큼하게 먹는다.

구두를 신고 지나온 직장 생활을 돌아보며, 어렸을 적 아버지가 짊어졌던 그 무게를 가늠할 수 있다.

그것을 미리 알았다면, 아버지의 구두 소리를 들었을 때 손에 들려진 것을 향해 달려가지 않고 아버지에게 달려가 안겼을 텐데. 그렇다고 내가 사들고 온 치킨에 신나서 좋아라 하는 아이들에게 섭섭한 것은 아니다. 아이들이 세상살이의 고단함을 미리 짐작할 필요가 없기 때문이다. 나중에 언젠가 구두를 신을 나이가 되어 지금의 나와 같이 깨닫게 된다면, 그걸로 족하다.

요즘은 편한 신발이 워낙 많다. 구두처럼 생겼지만 발바닥과 지면을 푹신하게 감싸주는 소재로 만들어진 것들이 대부분이다. 게다가 '캐주얼 데이'가 확산되면서 편한 운동화를 신고 회사에 가는 날도 많아졌다. 구두 특유의 또각또각 소리를 들을 일이 적어진 것이다.

하지만 난 여전히 마음의 구두를 신는다.
구두를 신는 일은 직장인의 숙명이자 스스로 어른임을 상기하는 일이다.
사랑하는 사람들을 책임져야 하는 사람으로서,
나 자신의 성장과 성공을 이끌어가야 하는 사람으로서.
직장인으로 사는 한 구두를 계속 신어야 한다는 걸 안다.

구두를 신는 데 용기가 필요하단 걸 어렸을 땐 몰랐다. 뒷굽의 또각또각 소리를 나를 위한 갈채로 여기며 용기 내어 출근하고, 용기 내어 일하며, 용기 내어 퇴근한다. 오늘도 우리는 마음의 구두, 용기의 구두를 신는다. 아무리 편한 운동화를 신어도, 내 귀에는 그 '또각또각' 소리가 들리는 이유다.

ㅏ···

# 마음의 여유를
# 잃지 않는다는 것

··· ㅠ

"파마하셨네요?"

깜짝 놀랐다.

안 그래도 일요일 오후에 파마를 하고 너무 고불거리는 게 아
닌가 소심해진 마음을 추스르며 출근한 월요일. 다행히 아무도
내 머리에 관심이 없었다. 같은 팀원들과 익숙하게 아침 인사를
하고 여느 때와 같이 노트북의 전원 버튼을 누르고 부팅이 되길
지루하게 기다리고 있었다.

그런데 청소를 하시는 여사님이 나를 보고는 파마했냐고 물으신 것이다. 그분은 언제나 밝은 목소리로 "안녕하세요!" 하고 화장실을 이용하는 모두에게 인사를 건넨다. 하루에 두어 번 이상 청소하러 오시는데 잠시라도 마주치면 항상 밝게 인사를 건네셨고, 나를 포함해서 다른 사람들은 쭈뼛거리며 그 인사에 답하는 게 전부였다. 개인적인 이야기를 한 적도 없고 잠시라도 눈을 마주치며 정중히 인사를 건네지도 못했는데.

"아… 네. 어떻게 아셨어요?"
"제가 다 관심 있게 보죠!"

'관심…'이라고 했다. (미생 장그래 버전으로)

나는 그분에 대해 아는 게 없다. 짧은 곱슬머리에 키는 좀 작으시고 유니폼을 입으셨다는 것밖에는. 아, 목소리가 하이톤이라서 인사를 나누면 사람을 기분 좋게 한다는 것도.

사실 내가 그분에 대해 알아야 할 의무는 없다. 하지만 나에게 파마를 했냐는 인사를 건네셨을 때 이상하게도 그분께 송구했다. 내 주위를 잘 돌아보며 살고 있는 건지 의심이 들었다.

　같은 층에 있는 많은 사람들. 그들의 하루가 어떤지 나는 관심이 없다. 어쩌면 그들도 마찬가지일 거다. 대화를 나누기는커녕 인사조차 하지 않는 사람들. 그럴 마음의 여유가 없는 사람들. 관심은 여유에서 나온다. 내가 죽겠는데 다른 것을 살펴볼 겨를이 있을까.

　하지만 '먹고살겠다고 허우적대는 존재에게 관심은 사치'라는 핑계는 파마했냐고 물으시는 여사님의 인사 앞에 여지없이 무너졌다. 관심은 시간 나고 여유 있을 때 갖는 것이 아니라, 내가 먼저 능동적으로 가져야 할 무엇이었다. 우리는 다 같이 살아가는 존재들 아니던가. 문득 옆의 동료가 입고 온 멋있는 재킷이 생각나고, 요즘 컨디션이 좋지 않아 목소리가 기어들어가는 후배가 떠올랐다. 오랫동안 커피 한잔 하지 못한 동료도 생각났다.

　더불어 나 자신도 떠올랐다.

나, 나는 잘 살고 있는지.

내 몸과 마음의 상태는 어떠한지 좀 더 관심이 필요한 시점이었다.

사는 대로 살고 가는 대로 가면서 힘들어하고 있진 않은지.

지금 내가 나에게 해주어야 할 일은 무엇인지.

나의 관심이 필요한 사람이 너무 많았다. 그중에는 나도 있었다.

# 질문이
# 무기가 될 때

권력은 힘이다.

그 힘은 대개 직급이나 직책에서 온다. 직급과 직책은 세월과 비례한다. 완전하게 정비례하지는 않지만 어느 정도 일치한다. 어찌 되었건 발생한 권력은 아래로 행사되고 그것은 세상을, 직장을 굴러가게 하는 힘이 된다.

우리는 권력이나 힘에 대해 자지러지게 알레르기 반응을 보이지만 속내는 다르다. 그것을 가지지 못해 분주하다. 권력을 가져야 좀 더 오래 생존할 수 있고 내 사람들을 물질적으로 풍족하게 해줄 수 있다는 희망과 바람이 있기 때문이다.

권력의 가장 큰 핵심은 질문을 할 수 있다는 데 있다. 면접장만 봐도 그렇다. 마주 보고 있는 두 존재 중 권력을 가진 사람은 누굴까. 바로 질문할 수 있는 사람이다. 질문하는 사람은 그것을 던짐과 동시에 상대를 살핀다. 질문을 받은 사람은 대답을 잘해야 한다. 잘 해내지 못하면 평가절하된다.

이는 직장에서도 마찬가지. 상대를 한없이 깎아내리는 방법은 참으로 쉽다. 대답을 못 할 때까지 질문을 하면 된다. 마음에 들지 않는다고 해서 무턱대고 괴롭힐 수 없으니, 권력을 행사해서 질문을 던지고 제대로 대답하지 못하는 상대를 폄하하는 것이다.

그래서 권력에 짓눌리지 않으려면 대답을 잘하면 된다. 그리고 쏟아지는 질문에, 한 단계 한 단계 더 집요해지는 질문에 대답을 잘하려면 내가 하는 일에 집중해야 한다. 최선을 다하고,

이 일은 누구도 아닌 내가 가장 잘 아는 사람이라는 자부심을 잃지 않으면 된다.

상식을 벗어난 질문을 해대는 권력자를 만날 수도 있다. 그런 경우엔 그냥 백기를 들곤 한다. 죄송하다며, 가르침을 달라고 하는 편이 낫다. 권력을 오용하는 사람에게 그리 많은 시간과 노력을 쏟아낼 필요는 없으니까.

그리고 나의 질문도 돌아봐야 한다.

권력을 과시하기 위한 질문인지, 상대를 깨우치게 하는 질문인지, 아니면 정말로 내가 궁금해서 던지는 질문인지.

질문 권력은 우리 모두 자기도 모르게 갖고 싶어 하는 것이니까 말이다.

# 회의 하다
# 회의가 든다

회의(會議)는 집단지성에 대한 믿음을 전제로 한다. 집단지성 이론은 다수의 개체가 서로 협력 또는 경쟁을 통해 얻게 되는 결과가 한 개체의 능력 범위를 넘어선 힘을 발휘할 수 있다는 이론이다. 한마디로 혼자 고민하는 것보다 머리 여럿을 모은 결과가 낫다는 것이다.

그런데 아이러니하게도 회의(會議)를 하다 보면 회의(懷疑)가 든다.

너무 자주 모이다 보니 정작 일할 시간이 없다. 하루 대부분의 시간을 회의로 보내고 겨우 내 자리에 앉으면 어느덧 퇴근 시간. 야근을 하는 이유로 '상사 눈치 보기'가 가장 많이 거론되지만 난 이 회의 문화가 더 큰 이유라고 생각한다.

20명이 넘게 모인 긴급회의. 말하는 사람은 단 두 명뿐이다. 호통을 치는 사람과 '죄송합니다'를 연발하는 사람. 처음에 호통이라는 총알은 불특정 다수를 겨냥한다. 이 총알만은 피하고 보자는 가련한 존재들은 침묵한다. 괜히 나서서 총알을 맞지 않기 위해서다. 결국 표적이 된 한두 명이 인정사정없이 난사를 당한다.

그러니 회의에서 거론된 이슈들이 생산적으로 해결될 리 없다. 다시 숙제로 떨어질 뿐이다. 지시사항과 '팔로우 업(follow up)' 사항이 내려오고, 회의록으로 남겨져 담당부서나 담당자의 이름에 꼬리표처럼 들러붙어 다닌다. 보고서는 늘어나고 정작해야 하는 일은 못 하게 되니, 회의(會議)를 하고 나면 회의(懷疑)가 들 수밖에. 그렇다고 회의(會議)를 하지 않을 수도 없다. 일이 세분화·분업화되어 있으니 회의 없이는 일이 진행되지 않는다.

총알을 맞지 않기 위해 고군분투하는 모습은
비겁해 보이기도, 우스워 보이기도 한다.
총알을 맞은 사람들은 피가 아닌 땀으로 흥건하다.
그 모습이 남 일 같지 않아 측은함이 몰려온다.
그런데 직장인이라면 그럴 수밖에 없다.

각자의 밥줄이 복잡하게 얽히고설킨 직장은 그렇게 각박하
다. 무엇이 옳고 그른가는, 살고 봐야 하는 존재들 앞에서 하염
없이 소멸된다. 이렇게까지 해야 할까 하는 생각이 들지만 어차
피 회의(會議)와 회의(懷疑)는 반복될 것임을 나는 잘 안다. 오히
려 그것들을 담담하게 받아들이면, 둘 중 하나는 조금이라도 줄
일 수 있지 않을까.

# 사방에서
# 날아오는 상처

상처는 물리적 마찰로 생긴다. 물리적 접촉이나 마찰 없이 상처는 생기지 않는다. 꼬집히거나 맞거나 해야 생긴다. 그런데 신기하게도 마음도 그렇다. 누군가 던진 말에 마음은 꼬집히고, 맞고, 상처가 난다. 사람 간의 화학적 반응도 물리적 마찰에 버금간다는 이야기다. 직장 생활을 하면서 마음에 상처 한번 받아보지 않은 사람이 있을까? 상사의 호통에, 동료의 험담에, 내가 의도하지 않은 결과로 인해 마음에 반창고가 덕지덕지 붙어 있다. 어느 드라마의 한 장면처럼, 가끔은 빨간약을 꺼내어 가슴에 마구 바르고 싶은 날도 적지 않다.

상처가 날아오는 방식도 다양하다. 말로도, 이메일로도, 전화와 메시지로도 날아온다. 위에서만 오는 것도 아니다. 후배들에게서도 날아온다. 어떤 일을 요청했을 때 시큰둥한 후배들의 얼굴이 때론 큰 상처가 된다. 어른이 되고 싶지 않지만 어른이 되어야 하는 순간. 스스로에게도 상처다.

한편 상처는 받는 자의 억울함이다. 줄 때는 기억하지 못한다. 내가 무심코 던진 말 역시 누군가에게 상처가 되었을 것이다. 일을 하다 보면 개인에 대한 배려를 놓칠 때가 분명 있다. 나에게 상처를 준 누군가도 그러했을 것이다. 상처 없는 직장 생활은 불가능할 것이다. 하지만 반창고의 수와 빨간약을 바르는 양이 조금은 줄어들었으면 좋겠다.

날아오는 상처를 내가 받지 않으면 그만이다.
나 역시 일이라는 핑계 뒤에 숨어 거칠게 이야기하지 않으면 된다. 그럴 수 있었으면 좋겠다.

# 과거의 나에게
## 피드백을 주다

얼굴을 마주한 두 존재는 수평적인 관계가 아니다. 한 사람은 평가하고, 한 사람은 평가를 받는다. 평가를 받는 사람은 좀처럼 무언가를 숨길 수 없다. 동공은 흔들리고, 숨은 가빠오며, 손은 떨리고 만다. 온몸이 요동하는 순간 목소리는 눈치 없게도 그 떨림에 반응한다. 평가하는 사람들은 미세한 움직임 하나까지 놓치지 않는다. 무언가를 끄적거리다 두 눈을 부릅뜨고 면접자를 응시한다. 서로 대립하고 있는 모양새지만 싸움이 될 리 없다. 그것이 신입 사원 면접이라면 더 그렇다.

그럼에도 면접자는 고개를 치켜들고 저 자신을 부르짖어야 한다. 떨리더라도, 무섭더라도, 두렵더라도. 그 두려움이 자신에게서 오는 것이든, 면접관들에게서 오는 것이든 이겨내야 한다. 이겨내지 못하면 목소리를 낼 수 없다.

생존, 꿈, 야망, 열정, 목표, 돈, 경험.

원하는 게 있어서 이 자리에 왔을 것이다. 목소리를 내어야 한다. 그 누구도 나를 위해 목소리를 내주지 않는다. 사회로의 첫발은 나를 파는 것으로부터 시작된다. 가만히 있으면 가마니가 된다. 절대 나는 팔리지 않는다.

지금은 자리만 바뀌었을 뿐 십수 년 전 나 역시 지금 내 앞에 마주 앉은 면접자처럼, 온 열정을 다해 나를 팔았다. 절실하고 절박한 마음으로 그랬다. 그때 가열히 토했던 나의 열정과 꿈은 어디로 갔는가. 누가 치웠는가. 가물가물한 나의 열정에 미안해하며 난 앞에 앉은 면접자에게 열정을 물었다. 다짐을 물었고, 각오를 청했다.

그들의 손끝은 떨렸다. 상당히 많이 떨리거나, 미세하게 떨리거나 정도의 차이였다 뿐이지 모두가 떨었다. 아무리 편하게 생각할 시간을 가진 다음 말해도 좋다고 해도 면접자들의 떨림은 막무가내였다.

난 그들의 무거운 긴장감에 개입할 수 없었다. 한 친구는 죄송하다며 연신 물을 마셨고, 한 친구는 고개를 떨구었다. 다른 친구는 하고자 했던 말을 잊었고, 또 다른 친구는 한숨을 토해내었다.

예전과는 다르게 편안한 분위기를 연출하려 애썼지만 면접은 여전히 잔인한 만남이다. 오늘 면접을 왔던 친구들은 자신이 한 이야기를 잘 기억하지 못할 것이다. 누군가는 그 시간을 지우기에 여념이 없을지도 모른다.

그래서 난 오늘, 질문은 줄이고 피드백을 주었다. 좋았던 점과 개선했으면 하는 점 등을 솔직하게 전달했다. 그만큼 고생해서 어려운 관문을 뚫고 올라왔으면 면접비 말고도 더 가치 있는 무언가를 얻고 가야 하지 않을까 생각했다. 몇몇 친구들은 면접 때 이런 피드백을 받는 것이 처음이라면서 고마워했다. 손끝의 떨림이 조금은 수그러드는 듯했다.

나는 그렇게 십수 년 전의 나에게 피드백을 주고 있었다.

# 동고동락해온
# 물건과의 이별

평범한 계산기였다. 숫자가 표시되는 흑백 창은 45도로 기울어져 있었고 정말 효율적일까 의문이 드는 태양광 패널은 수줍게 한편을 차지하고 있었다. 디자인보다는 실용성에 초점을 둔 버튼은 큼지막했다. 단순한 계산에 최적화된 버튼 배열은 누가 봐도 '대륙'에서 만든 비싸지 않은 제품이란 걸 알 수 있었다.

버튼 사이사이엔 때가 묻어 있었다. 어떤 부분은 아예 들러붙어 물티슈로 닦아내려 해도 잘 지워지지 않았다. 세월의 흔적이었다.

어느 날 무심히 계산기의 전원을 눌렀을 때, 깨진 숫자를 마주했다. 0과 8이 구분이 되지 않았다. 이리저리 흔들어봤다. 책상에 탁탁 쳐보기도 하고, 태양광 패널을 손바닥으로 가렸다 말았다 반복했다. 지금까지 아무 일도 없었는데. 끝내 계산기는 회복되지 않았다. 15년 만이었다. 신입 사원 때부터 나와 함께 해온 계산기는 그렇게 나에게 이별을 고하고 있었다.

생각해보면 평범한 계산기가 아니다. 왼쪽에 붙은 견출지에 신입 사원 시절 부서와 내 이름 석 자가 적혀 있다. 15년을 들러붙어 이 계산기가 내 것임을 증명하고 있었다. 오랜 직장 생활 동안 한두 번은 계산기를 잃어버렸을 테지만 그것은 기어이 나를 찾아 돌아왔을 것이다.

신입 시절에 붙여놓은 그 이름표를 볼 때마다, 나는 미소 짓곤 했다. 죽도록 힘들었던 시절, 내가 원하지 않았던 업무와 사람들 때문에 괴로웠는데 시간이 지나니 아련해서. 그 시절이, 그 생각이 소중해서.

결국 아직도 그 계산기를 버리지 못했다. 견출지 역시 아직
도 계산기에 단단히 붙어 있다. 성능을 잃은 계산기는 이제 내가
초심을 잃지 않게 해주는 또 다른 성능을 발휘하고 있다.

# 회사 생활은
# 미스터리 그 자체

오늘도 직장에선 미스터리한 일들이 벌어진다.

## 오타

그래, 분명 몇 번이고 자세히 봤다. 이메일의 보내기 버튼을
누를까 하다가 보내기를 취소하고 다시 읽는다. 그래, 이제야 드
디어 보낼 수 있겠다는 생각으로 버튼을 누르는 순간, 오타 또는
'마음에 들지 않는 문장'은 여지없이 발견되어 망막을 통해 뇌로
전달된다. 요즘엔 이메일 회수 기능도 있지만 내가 보낸 메일을

잘 읽지 않거나 회신하지 않는 사람이 이런 메일은 1등으로 읽는다. 이것도 미스터리다.

## 엑셀 또는 파워포인트 '멈춤'

중요한 문서를 작성할 때라는 걸 알고 멈추는 것인지, 아니면 그것들이 멈춘 그 순간에 작성하던 것들이 중요하게 느껴지는 것인지는 모르겠지만. 동의를 구하지 않고 멈춰버리는 엑셀과 파워포인트는 괘씸하다. 건성건성 만들 때는 잘만 돌아가다가, 간만에 온 열정과 영혼을 갈아 넣고 심혈을 기울여 만든 마스터피스(masterpiece)가 나오면 꼭 그런다. '평소에 이것들에게 잘해 줘야 하나' 생각하다가 '내가 무슨 생각을 하는 거지'란 자괴감이 들고 만다.

그러다 멈추면, '다시 내가 잘해야 하나?'란 생각이 든다. 비굴하다. 비슷한 경우로, 상사가 수치를 물어봐서 엑셀을 이리저리 돌릴 때, 보고 차례가 되어 파워포인트를 띄우거나 동영상 파일을 재생할 때 꼭 이 녀석들이 멈추는 미스터리가 있다. 싸울 수 있다면 이놈들과 치고받고 싶다.

## 웹 서핑 중 상사 등장

'Alt+tab 신공'이야 많은 직장인들의 필수 능력이라고 알려져 있지만, 정말 아주 잠깐 웹 서핑을 할 때 반드시 상사가 내 뒤를 지나가는 건 풀리지 않는 미스터리다. 하루 10시간을 넘게 일을 하다가 정말로 궁금한 기사 하나를 보고 있었을 뿐인데 내 상사는 물론, 자주 오지도 않던 더 높은 상사가 나에게 말을 건 것이 한두 번이 아니다. 이건 은탁이가 김신을 부르는 마법의 주문도 아니고(드라마 〈도깨비〉의 두 주인공 이야기다). 참나.

상사의 승인이 급히 필요할 때, 내가 상사 대신 회의를 들어가야 하는 초유의 사태가 벌어질 때 다급히 같은 방법을 써 보았다. 웹 서핑을 하며 상사를 불러보았지만(?) 절대 나타나지 않았다. 이것도 미스터리다.

## 휴가

나는 분명 오늘 휴가라고 상사에게 말했다. 시스템에도 오늘 내가 휴가임이 잘 반영되어 있다. 하지만 상사는 기억하지 못한다. 아침에 '오늘 늦나? 무슨 일 있나?'라는 문자가 온다. 꼭 내가 없으면 안 되는 일이 생기기도 한다. 저 멀리 높은 부서에서 어떤 보고서를 달라는데, 내가 있어야 한단다. 영화도 보고 책도 읽으려 오랜만에 낸 휴가인데, 꼭 업무용 노트북을 열어야 하는 순간이 온다(역시 휴가는 남들 갈 때 같이 가야 한다는 게 진리).

## 식사 약속

오랜만에 동기 녀석과 점심 약속을 잡는다. 그러면 갑자기 임원분과 팀의 중식 약속이 잡힌다. 오랜만에 지인과 저녁 약속을 잡는다. 그러면 마법처럼 부서 또는 팀 회식이 잡힌다. 그런 게 무서워 약속을 잡지 않는다. 그러면 또 아무 일도 일어나지 않는다(아, 야근은 하는구나, 참).

**우리의 하루하루 자체가 미스터리**

일이 싫다고, 꼴 보기 싫은 사람이 있다고, 피곤해 죽겠다고, '조만간 관둬야지' 노래하고, 급여가 마음에 들지 않는다고 하면서도 오늘도 출근하니까.

# 그들의
# 승승장구가 부러웠다

   나의 꿈은 드라마 속 '실장님'이었다. 그 이미지는 확고하다. 멀쑥한 정장에 가지런한 머리 모양. 초고속 승진으로 자기보다 나이 많은 사람들을 리더십으로 이끌며 승승장구한다. 대부분은 회사 오너의 아들이기도 하다.

   언제나 드라마의 여주인공은 실장님의 차지였다. 명석한 두뇌의 소유자로, 이성적이지만 사랑을 위해서는 자신의 신념도 내버릴 줄 아는 사람. 애초의 그 신념이 단단하면 단단할수록 여주인공에 대한 사랑의 크기도 커진다. 요즘은 실장님뿐만 아니라 '본부장님', '대표님'으로 그 직급과 직책이 다양해졌다.

나는 그들의 '승승장구'가 부러웠다. 어렸을 때야 대통령부터 의사, 과학자를 꿈꿨지만 취업을 앞둔 현실 세계의 대학생에겐 드라마 실장님이 눈앞의 목표였다. 최연소 임원 타이틀, 회사에서 보내주는 MBA, 회사 대표 앞에서도 흔들리지 않는 떳떳함. 드라마 속 실장님의 이미지를 떠올리며 난 그렇게 직장 생활을 하자고 다짐했다.

하지만 입사하고 얼마 지나지 않아 현실이라는 소스라치는 상대를 만났다. 최연소 혹은 최단기로 퇴사하지 않으면 다행. 회사 대표는 고사하고, 바로 위 사수에게도 벌벌 기어야 하는 도제 시스템은 가뜩이나 초라한 존재를 더 안쓰럽게 만든다. 지난 직장 생활을 돌아보면 승승장구한 때가 있었던가 싶다. 아마 있었더라도 그건 순간에 불과하다.

내가 드라마에서 본 실장님은 현실에 없었다. '실장'이라는 타이틀에 오르면 드라마의 주인공처럼 한가로이 연애할 수가 없다. 또한 직장 생활을 십수 년 이상 해야 그 타이틀을 거머쥘까 말까다. 이미 장성한 자식이 있는 경우가 대부분이다. 승승장구도 계속해서 이어지지 않는다.

그래서 언제부턴가 TV를 잘 보지 않게 되었다. 특히 드라마는 더 그렇다. 괜히 봤다가 빠져들까 무섭고, 결국 두 남녀 주인공이 사랑에 빠지게 할 요량으로 설정한 배경도 너무나도 인위적이고 작위적이다. 이 땅의 얼마나 많은 예비 직장인들이 그 모습을 보고 큰 착각에 빠질까 걱정된다. 그 큰 착각에 빠졌던 나를 되돌아보니 더욱 그렇다.

"개그는 개그일 뿐 따라 하지 말자!"

드라마는 드라마일 뿐 따라 하려 들지 말았어야 했는데. 아니다. 갑자기 드라마보다 더 '드라마틱'했던 직장에서의 나날들이 떠오른다. 회사 오너의 아들이 아닐 뿐 난 이미 드라마 속에 있는 건지도.

# 마지막 결재자를
# 쓰러뜨리고 포효하다

**끝판왕**

[명사] 마지막 판에 이르러 볼 수 있는 왕.

가장 뛰어나고 대단한 사람이나 그러한 대상을 이른다.


어렸을 적 아기 공룡이 '버블'을 쏘아 적을 가두고 터뜨려 물리치는 게임을 했다. 한 판, 한 판 가다 보면 100판 째에서 마침내 '끝판왕'을 만날 수 있었다. 물론 100판까지 가는 여정이 쉽진 않았다. 2인이 한 팀을 이루고 한쪽이 계속 희생해야 100판까지 갈 수 있었다. 100판에 이르면 동네 아이들이 모두 모여 그 광경을 지켜봤다. 마지막 판이어서인지 끝판왕을 보게 되어서인지 모두 들떠 있었다.

갑자기 그 게임이 생각난 건 '품의(稟議)' 때문이다. 품의라는 그 이름도 생소했던 신입 사원 시절엔 그게 그렇게 곤욕스러웠다. 올리는 품의는 족족 '반려(Reject)'되었기 때문이다. 이래서 반려, 저래서 반려, 그래서 반려. 그날 먹은 점심이 맛없어서 반려. 날씨가 안 좋아서 반려…. 결재 승인자가 여러 명인 품의서라도 되면 하루 온종일을 거기에 매달려야 했다.

두세 단계즈음에 이르러 반려를 당하면, 그 이전에 승인을 해 줬던 사람들로부터도 질책을 받는다. 어찌 보면 그 사람들도 나 때문에 반려를 당한 거니까.

반려는 사람의 기분을 축 처지게 하는 묘한 매력(?)이 있다. 다시 써서 올리면 중간 단계에 있는 사람들은 더 깐깐히 본다. 다시 반려되지 않기 위해서다. 그럴수록 나는 더 피곤해지는 것이다.

어느 정도 직장 생활을 하다 보니 이제 품의를 게임처럼 즐기는 경지에 이르게 되었다. 우선 '끝판왕=마지막 결재자'를 상기한다. 끝판왕의 성향을 파악한다. 숫자를 좋아하는지, 그래프 위주로 보는지, 상세 설명을 요하는지, 단순한 표현을 좋아하는지 등(앞서 언급한 게임에서도 끝판왕을 쉽게 물리치려면 '버블'이 아닌 '불'을 뿜어내는 무기를 준비해야 한다). 그리고 끝판왕에 이르기 전 단계의 승인자들에게는 올리기 전에 미리 설명을 하고 품의를 진행한다. 그러고 나서 결재 페이지를 새로고침한다.

한 단계 '클리어', 두 단계 '클리어'. 한 판, 한 판 넘어가는 재미(?)가 쏠쏠하다. 마침내 마지막 결재자가 남는다. 아기 공룡이 흐물흐물한 고래 모양의 끝판왕을 만난 것이다. 미리 준비한 '불 무기'를 꺼내 들어 포효하면 마침내 거대한 고래는 땅으로 꺼진다.

"승인."

짧은 두 글자와 함께 품의는 통과된다.

마지막 100판에 이르러 끝판왕을 깨고 나면 그다음은 뭘까, 게임기 주위를 둘러싼 아이들은 매우 궁금해했다. 나도 그랬다. 끝판왕이 쓰러지고 난 뒤, 잠시 엔딩 크레딧이 나오고 나면 두 마리 아기 공룡은 랜덤으로 100판 이전의 어느 곳으로 다시 이동했다. 100판을 향한 여정이 다시 시작되는 것이다. 호기심 가득했던 아이들은 허탈해하며 흩어지고, 남은 두 명은 다시 열심히 자신들의 게임에 집중했다.

인생이 그렇지 뭐. 품의는 그렇게 반복된다.

# 5장

# 그럼에도 불구하고
# 일하는 마음

불확실한 무언가 때문에 지금을 놓치지 않기로 한다.

# 다시 출근,
## 출발선에 선 우리

농구를 하다 종아리에 쥐가 났다. 지긋한(?) 나이에 농구를 한 내 잘못이다. 분명 스트레칭과 준비운동을 웬만큼 한 것 같았는데. 잠시 잠깐의 준비운동은 별 도움이 되지 않았다. 준비운동을 제대로 하지 않았다가 몇 배 더 고생한 기억들이 떠올랐다. 하지도 못 하는 수영을 준비운동 없이 덤볐다가 양쪽 어깻죽지가 떨어져 나갈 뻔한 적도 있었고, 준비 없이 산에 올랐다가 후들거리는 다리 때문에 발목이 비틀거려 내려오면서 위험했던 때도 있었다. 모두 건강에 대한 자만과 내 몸 상태를 잘 모르는 무지 탓이다.

문득 직장 생활 역시 준비운동 없이 시작해서 내가 지금 이렇게 힘든 건 아닌가란 생각이 들었다.

그러게, 그걸 잊었네.

학생에서 직장인이 되면서, 나는 준비운동을 했던가. 그런 기회가 있긴 했던가. 취업이라는 신호탄과 함께 쉴 새 없이 달려왔고 지금도 멈추지 않고 있는데. 마음의 종아리에 쥐가 나고 심장에 무리가 갔던 순간들이 새삼 떠올랐다. 물 한 모금 마시지도 못하고 뛰었던 순간, 뛰고 싶지 않아도 온 세상이 앞으로 나아가니 러닝머신에 오른 듯 꾸역꾸역 달려갔던 내 모습이 떠올랐다.

우리 모두 그럴 것이다.
준비운동 없이 뛰어든 숨 가쁜 레이스에서,
우리는 그렇게 쉬지 않고 달려가고 있는 것이다.
'실전 인생'의 무게감을
양쪽 어깨나 양쪽 종아리에 동여맨 채,
내가 원하지 않는 거리까지 나아가고

내가 가고 싶지 않은 방향으로 가야 하는 운명.

달리다 보니 상사가 되고, 꼰대가 되고, 직장을 나가야 할 때가 오고. 신호탄에 화들짝 놀라 우선 뛰긴 뛰는데, 무엇을 위해 누구를 위해 어디로 뛰어가는지 알지 못하는 직장인의 처지는 참으로 안쓰럽다. 그래서 간혹, 자주, 많이, 난 내가 안쓰럽다.

쉬지 않고 달리다 보니 요령마저 생긴다. 뛰다가 속도를 좀 줄여 빨리 걸을 때도 있고, 슬럼프라는 친구를 만나 기어가기도 한다. 뛰면서 주위를 둘러보는 여유가 생기기도 하고, 전력 질주를 하다가 내가 모르던 나의 능력을 발견하기도 한다. 마주 불어오는 바람을 맘껏 치받기도 하고, 뒤에서 불어오는 바람을 업고 좀 더 빨리 가기도 한다.

일이 재밌을 때도 있고, 힘들 때도 있고. 누구보다 빨리 승진할 때도 있고, 누구보다 느리게 갈 때도 있는 직장은 그렇게 서로의 레이스가 복잡하게 교차된다. 이러한 레이스에서 준비운동은 어쩌면 사치일지 모른다.

취업이라는 신호탄과 함께 쉬지 않고 달려온 직장 생활. 사무실 칸막이 위로 고개를 쭉 내밀어 나와 같은 사람들을 둘러봤다. 그들과 나에게 경의를 표하며, 준비운동을 할 새도 없이 나는 또다시 앞으로 달려 나간다.

# 우리를
# 꾸준하게 만들어주는 것

나는 어려서부터 꾸준하지 못했다. 그런 내가 불만이었다. 이걸 하다 저걸 하고, 저걸 하다 다 끝내지도 못한 채 또 다른 일을 벌였다. 진득하게 버텨 무언가를 이룬 적도 없었다. 애초부터 꾸준함이 몸에 배어 있었더라면 고시를 패스하거나 전문직에 종사하고 있을 것이다. 또는 꾸준하게 운동을 해서 원하는 만큼 살을 뺐거나.

하지만 난 둘 다 이루지 못했다. 역시 난 꾸준하지 못한 것이다. 어쩌면 꾸준하지 못한 것을 꾸준히 해왔다고도 할 수 있겠다.

그런 내게도 꾸준한 것이 생겼다. 월급 받는 일이다. 월급과 나. 한 달 지나 서로 만나는 사이. 1년에 열두 번. 운이 좋으면 몇 번 더. 지금까지 십수 년을 그렇게 매달 한 번도 끊김없이 월급을 맞이해왔으니 그 과정을 꾸준함이라고 표현해도 어색하지 않을 것이다.

사실, 내가 꾸준했다기보다는 '월급'이 꾸준했다. 나는 그냥 하루하루 살아가고 일주일을 버티고 한 달을 맞이했을 뿐인데 매달 나를 만나러 왔으니까.

고맙다는 생각이 든다. 내 노동과 치환된 가치라 해도 어쩐지 나를 꾸준하게 만들어주는 것 같아서 말이다. 그런 의미에서 월급은 고귀하다고 할 수 있다. 모든 직장인을 꾸준한 사람으로 만들어주니까.

월급을 받는 모든 존재는 알아야 한다.
스스로가 꽤 꾸준한 사람이라는 것을.
그리고 생각보다 대단한 존재라는 것을.

날 꾸준한 사람으로 만들어주는 월급이 고맙다. 어려서부터 꾸준하지 못했던 나에 대한 자책감도 조금은 덜게 되었다. 다만 한 가지, 조금 더 많았으면 좋겠다. 월급이, 나의 꾸준함이.

ㅏ···                    엑셀은                    ··· ㅠ
              거짓말하지 않는다


"호모 파베르."


도구의 인간을 말한다.


인류는 구석기, 신석기, 청동기, 철기 시대를 지나 엑셀과 파
워포인트의 시대에 살고 있다. 엑셀과 파워포인트 없이 과연 회
사가 돌아갈까. 단연코 제대로 굴러가지 않을 것이다.


하지만 우리는 그 감사한 도구들과 온종일 씨름한다. 파워포

인트로 격식을 맞춰 보고서를 만들다 보면 하루가, 일주일이, 한 달이 쏜살같이 지나간다. 정작 해야 하는 일은 뒷전이다. 보다 효율적인 방법을 찾기 위해 엑셀 수식과 씨름하다 보면, 효율보단 집착에 더 가까워진다. 그냥 수식 없이 매뉴얼대로 하면 10분 만에 끝날 것을 굳이 수식과 씨름하며 30분을 소비한다. 그러다 결국 답을 못 찾아 매뉴얼대로 하다 보면 이런, 40분을 소비하는 것이다.

직장엔 '엑신'이 있다. '엑셀의 신'.

통상 엑신은 일을 잘하는 사람으로 통한다. 엑신이라 불리기 위해선, 마우스 없이 단축키로 현란하게 엑셀을 다뤄야 한다. 더불어 모든 수식을 머릿속에 탑재하여 상황에 맞춰 데이터를 자유자재로 가지고 놀 줄 알아야 한다. '엑신' 옆에 있다 보면, 어느새 영혼을 다해 피아노를 치는 베토벤이 보이고 자판 소리는 멜로디가 되어 귓가에 울린다.

"어? 난 분명히 제대로 했는데?"

어느 날 수식에 오류가 생겨 '엑신'을 찾아갔다. 나름 어려운 수식을 이리저리 버무려 아주 효율적인 마스터 파일을 만들 참이었다. 조건 하나만 바꾸면 모든 것이 자동으로 돌아가는.

엑신은 내 파일을 유심히 살펴봤다. 아주 단순한 문제는 아니었는지, 이리저리 수식을 돌아보더니 몇 분이 지나서야 오류를 찾아냈다. 여기 이곳이 잘못되었다며 가까이 와서 보란다. 그리고는 촌철살인의 멘트를 날렸다.

"제대로 했다며? 이거 봐. 여기가 틀렸잖아. 엑셀은 거짓말 안 해!"

그러고 보니 맞는 말이다. 엑셀은 거짓말 안 한다. 내가 넣은 값으로 데이터는 돌아가고 그 결과값을 오롯하게 뱉어낸다. 부하가 걸리면 갑자기 사라지거나 멈추면 멈췄지, 거짓말하는 친구는 정녕코 아닌 게 맞다.

어쩌면 직장에서 가장 정직한 존재. 그러니 그 고결한 정직의 아이콘이 에러라고 말한다면 겸손하게, 그리고 조신하게 나를 돌아보아야 한다.

엑셀이 아니라고 하면 아닌 거다.

ㅏ···                    # 에러 메시지에는                    ··· ㅠ
                     다 이유가 있다

"아우, 짜증나!"

오후 3시였다. 다른 팀원들이 무슨 일이냐며 내 책상에 모였다. 시스템에 에러코드가 떴다고 하소연했다. 시스템의 '시'자와 에러코드의 '에'자만 나와도 사람들은 격하게 공감한다. 에러는 에러고, 고개를 끄덕여주는 주위 동료들에게 고맙다는 생각마저 들었다.

세상은 넓고 할 일은 많다면 회사에서는 '시스템은 많고 에러는 더 많다!' 근태부터 시작해서 각종 수치를 입력하고 추출해내는 시스템이 허다하다. 이런 것까지 시스템으로 만드는구나 할 정도로, 그 가짓수와 형태가 이루 말할 수 없이 다양하다.

시스템은 잘 사용하면 약이다. 디지털에서 아날로그로 회귀해야 한다는 목소리가 소란하지만, 우린 절대 아날로그로 돌아갈 수 없다는 걸 안다. 시스템은 밤새워 했어야 하는 일들을 한 방에 해준다. 그 결과값이 완벽하지는 않아서 결국 사람의 힘으로 가공해야 하긴 하지만 말이다.

오늘의 에러는 익숙한 시스템에서 난 것이었다. 하던 대로 했고, 값을 넣으란 대로 넣었다. 처음 해보는 일도 아니고 꽤 단순한 업무에 속했다. 팝업창에 뜬 에러코드는 해석이 되지 않는다. 어렵지 않은 단어지만 공포감 때문인지 잘 읽히지도 않는다. 잠시 멍하게 바라보다 단어를 조합해본다. 역시나, 단어는 아는 단어인데 뜻을 모르겠다. 어쩌란 걸까. 인생의 오묘함을 이리저리 꼬아서 내놓은 신의 퀴즈일까?

그러나 결국 잘못은 내게 있었다. 평소대로 했다고는 하지만 다시 보니 잘못된 값을 넣었더랬다. 단순 업무라고 치부하고 확인하지 않은 탓. 그걸 에러코드가 잡아낸 셈이다. 나중에 더 크게 손이 가거나 사고가 날 뻔했다.

생각해보니 에러코드는 시스템이나 컴퓨터에서만 뜨는 게 아닌 거 같다.

내 몸으로부터도, 인간관계에서도

나도 모르는 실수를 저질렀을 때 에러 메시지가 뜬다.

에러 메시지가 뜨는 데는 다 이유가 있는 것이다.

# 주말,
# 모든 것을 내려놓는 시간

주말이 짧다고 느껴지는 합리적인 근거를 제시할 수 있다.


월화수목

토일


정말 짧다. 주말은 일주일 중 이틀뿐이니까. 아마도 주말이 유독 더 짧다고 느끼는 건 아쉬움과 후회, 미련이 팥빵의 팥처럼 그 중심을 차지하고 있기 때문일 것이다.

방학이 있던 학생 시절 땐 평일과 주말의 구분이 모호했다. 며칠인지 무슨 요일인지를 TV 프로그램을 보며 깨달았다. 주말 예능이나 월화드라마는 그것을 구분하는 손쉬운 잣대였다. 금요일 밤이 그리 신나지도, 일요일 밤이 무척 두렵지도 않았다.

직장인이 되니 달라졌다. 주말만 보고 나아간다. 주말이라는 달콤한 그 시간은 사막의 오아시스와 같다. '월화수목금금금'을 사는 직장인이라고 하지만 설령 주말에 사무실에 나와 일을 하더라도 나는 토요일과 일요일이 좋다.

회사에 들어가고 수많은 주말을 보냈다. 셀 수 없이 많은 주말을 연습했지만 아직까지 어떻게 하면 주말을 잘 보낼 수 있는지 모른다. 금요일에 기분 좋게 퇴근을 하며 세운 수많은 계획은 대개 실행되지 않는다. 운동, 글쓰기, 공부, 미래를 위한 준비 등. 정말이지 아무것도 한 게 없다. 실천하지 않은 계획은 결국 부메랑이 되어 날아와 나를 그토록 괴롭힌다.

"이래가지고 회사에서 살아남을 수 있겠어?"

"지금 네 경쟁 상대는 아마 열심히 공부하고 있을걸?"

"낮잠이나 자면서, 회사에서 임원이 되어 보겠다고? 꿈 깨셔!"

그러다 어느 날, 주말에도 짓눌려 있는 내 어깨를 알아차렸다. 아파 죽겠다며 소리치는 두 어깨가 느껴졌는데 어깨를 짓누르고 있던 그것은 다름 아닌 나였다. 화들짝 놀랐다. 미래에 대한 두려움 때문에 지금을 온전하게 누리지 못하고, 일어나지 않은 무엇에 골몰한 것이다.

생각을 바꾸기로 했다. '내려놓아야지' 굳게 마음을 먹었다. 금요일 밤에는 주말에 하고 싶은 리스트를 적었다. 그리고 실행하고 나면 하나씩 선을 그어 지워나갔다.

낮잠 자기

영화 보기

아무 생각 안 하고 누워 있기

맛있는 것 먹기

가족과 아무거나 하고 놀기

무언가를 이루고 리스트에서 지워나가는 과정은 쾌감을 준다. 그런데 난 지금까지 어려운 목표들로만 리스트를 채우고 스스로를 괴롭혔던 것이다.

낮잠을 자도 자도 모자란 건 내가 게을러서가 아니라 직장 생활이 그만큼 힘든 것이다.

'지금' 내가 낮잠을 달게 맛보고 일어났다면, '지금' 내가 재밌는 영화 한 편을 보고 큰 감동을 느꼈다면, '지금' 내가 멍 때리며 무언가를 자유로이 그릴 수 있다면, '지금' 내가 맛있는 음식을 음미할 수 있다면, '지금' 내가 사랑하는 가족과 보내는 시간을 온전히 즐길 수 있다면.

그것으로 된 것이다. 거창한 그림을 그리고, 그 안에 반드시 내가 있어야 한다는 강박은 줄이기로 했다. 불확실한 무언가 때문에 지금을 놓치지 않기로 한다.

이 글을 쓰고 있는 지금은 일요일 저녁이다. 두려운 월요일이 다가오고 있다.

다시, 주말은 정말 짧다. 그러니 더 온전히 보내야 한다. 원래 소중한 건 짧거나 모자라다. 아니면, 짧거나 모자라 더 소중한 것일지 모른다. 지금이 그렇다.

# 비가 오나 눈이 오나
# 사무실로 향해야 하는 숙명

물이 흐르는 서울 한복판에서였다. 한 해의 마무리를 위한 이벤트가 한창인 저녁. 이름 모를 나이 지긋한 가수가 기타를 매고 노래를 불렀다. 사람들은 모르는 노래에 박수를 보냈다. 따라 부르지는 못해도, 들뜬 분위기는 그 리듬과 선율에 맞추어 사람들을 움직이기에 충분했다. 한 곡이 끝나고 그 가수는 기타를 뒤로 메고는 이렇게 말했다.

"저는 바람처럼 살고 싶었습니다. 바람처럼 자유롭게. 그 어디에라도 불고, 어디에라도 이를 수 있는. 그런데 그렇게 살면 굶어 죽겠지요. 그래도 노래를 하는 무대에서만큼은 제가 꿈꾸던 바람이 된 것 같습니다. 그 바람을 담아 만든 한 곡을 선사해 드리겠습니다."

제목이 잘 기억나진 않지만 어느 영화에 삽입된 그 노래는 가사가 참 자유로웠다. 거미줄에도 걸리지 않는, 어디에나 머물 수 있는 바람처럼 살겠다는 내용이었다. 아마도 많은 사람이 그 가수와 같은 생각을 하며 살고 있을 것이다. 형태가 다를 뿐 자유로워지고 싶은 욕망은 모두의 마음과 영혼 한구석에 각자 다른 크기로 자리 잡고 있을 것이다. 그 가수가 바람이 되고 싶다고 말한 이유도, 결국 자유를 위해서였을 테니.

자유는 어쩐지 직장인에게 더 특별해 보인다. 우리는 자유에 목마르다. 원하는 시간에 쉬지 못하고, 마음껏 휴가를 가지도 못하는 존재에게 자유란 단어는 소원하다. 비가 오나 눈이 오나 사무실로 향해야 하는 숙명. 하루라도 일탈하여 바람처럼 훌쩍 떠나버릴 배짱도 없다.

그러니 자유는 직장인에겐 그저 허공에 떠다니는 상념이다. 월급과 자유를 맞바꾸었으니, 누구를 탓할 일도 아니다. 바람이 되고 싶었다던 그 가수도, 자신이 바람이 되면 굶어 죽을 거라는 것을 알기에 자유를 무언가와 맞바꾸었고, 정해진 시간에 정해진 곳에서 노래한 것이다.

바람이 자유로워 보이는 것은, 자유롭지 못한 우리들의 허상과 바람이 투영되었기 때문이다. 그러나 바람도 그리 자유롭지 않다. 바람은 스스로 발생할 수 없다. 두 장소 사이에 존재하는 기압 차에 따라 일어나는 공기의 움직임이기 때문이다. 바람은 스스로 속도를 조절할 수도 없다. 그것이 미풍이 될지, 태풍이 될지는 기압이 정해준다. 바람이 부는 것은, 결국 바람의 의지가 아닌 것이다.

어쩌면 자유란 환상에 불과할지도 모른다. 아무도 자유롭지 않기에 모두가 자유를 갈구하는 것인지 모른다. 알고 보면 아무도 자유롭지 않다는 걸, 그걸 바람이 가르쳐준다는 걸 기억하면 오늘 하루는 자유로부터 자유로울 수 있지 않을까.

# 모든 사람의
# 바탕화면이 같을 거라는 착각

"그렇게 해놓고 쓰면 불편하지 않아?"

지나가던 한 사람이 다른 동료의 컴퓨터 바탕화면을 보고 물었다. 보통 바탕화면 아래에 있어야 할 메뉴 바가 화면 우측에 세로로 세워져 있었다.

'정말, 불편하진 않을까?'

궁금증이 생겨 다른 사람들의 바탕화면을 염탐하기 시작했다. 정말 각양각색이었다. 메뉴 바가 위에 있기도 하고, 왼쪽에 있기도 했다. 어떤 사람은 메뉴 바를 아예 감추어놓고 필요할 때만 마우스 커서로 불러냈다.

무슨 근거로 다들 같은 자리에 메뉴 바를 놓고 있을 거라 생각했을까. 메뉴 바뿐만이 아니었다. 어떤 사람은 바탕화면이 폴더와 파일로 가득 차 있는가 하면 또 다른 사람은 바탕화면에 일부 바로가기 메뉴와 휴지통만 배치해놓고 있었다.

비슷한 색상의 와이셔츠를 입고, 똑같은 크기의 책상에 앉은 사람들이 새삼 달라 보였다. 나도 획일화된 시선으로 사람들을 대했던 것이다. 어느 부서 누구, 직책, 직급, 맡은 일로만 사람을 기억하고 있었다. 물론, 회사는 그렇게 돌아가는 곳이다. 하지만 누군가 역시 나를 그렇게만 바라본다는 생각을 하니 조금은 서글펐다.

나는 서슬 퍼런 엑셀 파일 앞에 앉아 골머리를 앓고 있는 서 과장의 마음을 알지 못한다. 그가 젊었을 때 꾸었던 꿈과 바랐던 이상, 도덕적 회의와 행복을 위한 소망을. 지금은 앞에 펼쳐진 엑셀 함수와 씨름을 하느라 스스로도 잊었을 그것들에 대해 나는 서 과장 대신 떠올려보았다. 그 옆의 유 부장, 그 앞의 김 과장, 저 멀리 임원실에 있는 상사의 것도 함께.

다들 고만고만한 월급에 기대어 하루를 살아가지만
한때 젊음을 불태웠을 존재들.
어떤 꿈을 가졌었는지 문득 내 옆의 동료가 궁금해졌다.
알고 싶다고 해서 모든 것을 알 수는 없겠지만
적어도 새로운 눈과 마음으로 그들을 바라보자고 다짐했다.
그리고 모든 사람의 바탕화면이 같을 거란 생각은 접기로 했다.

# 조용한 불금을
# 보낸다

ㅏ···          ··· ㅠ

금요일 늦은 밤.

고단한 한 주를 뒤로하고 마침내 맞이한 소중한 시간. 퇴근 때 소위 '불금'을 어떻게 보낼까 설레곤 하지만 이미 방전된 가련하고 비루한 몸뚱이는 그저 집을 찾는다.

어쩌면 나이 때문인지도 모른다. 무턱대고 나가서 모든 것을 즐기기엔 내가 책임져야 하는 소중한 사람들이 있다는 것도 이유라면 이유다. 쌓아온 세월과 나에게 주어진 책임감이 싫지 않다. 어쩌면 혼자이고 싶어서일지 모른다. 정말이지 아무것도 안 하고 싶다. 그 어떤 생각도 하고 싶지 않고, 손가락 하나 까딱하고 싶지 않다.

주말을 맞이하기 전에 그동안 하지 못했던 무언가를 잔뜩 생각해놓지만 하나도 기억이 나질 않는다. 그저 쉬고 싶고, 고독하고 싶다. 그래도 왠지 이 밤을 그대로 보내기엔 미련이 남아 나는 멀뚱하고, 금요일의 늦은 밤은 그렇게 흘러가는 것이다.

움직이기 싫고, 아무 생각도 하고 싶지 않을 때. 그럴 때면 난 잘 찾지 않던 텔레비전 리모컨을 주섬주섬 잡는다. 큰 화면에 얇아지고 세련되어진 텔레비전. 겉모양은 화려하지만 어쩐지 그 위상이 예전과 같지 않다. '비디오(텔레비전)가 라디오스타를 죽였다'더니, 이제는 소셜 콘텐츠가 텔레비전을 죽이고 있는 것이다. 불을 끈 컴컴한 새벽, 거실에서 세월을 정통으로 얻어맞은 나와 텔레비전은 그렇게 서로를 멀뚱하게 바라본다.

살아남으려 발버둥치는 텔레비전의 채널이 무수하다. 어렸을 땐 채널 3~4개만 돌리면 되었는데 지금은 몇백 개를 눌러야 한다. 그 재미가 쏠쏠하다. 움직이기 싫고 아무 생각하고 싶지 않은 존재에게 그것은 무기력한 즐거움이다. 세상이 이렇게 돌아가고 있다고 열심히 알려주는 각각의 프로그램들은 사뭇 산만하다. 이름조차 다 알 수 없는 사람들이 나와 한마디라도 더 하기 위해 고군분투한다.

왠지 그들에게 고마워졌다.
나 대신 여행하고, 사랑하고,
노래하고, 연기하고, 요리하고, 맛보니까.
일반인이자 직장인이라는 신분에 묶인 나를 대신해
그들은 그토록 산만한 것이다.
내가 하지 못하는 것을 누구라도 하는 것을 보는 건,
힘을 빼고 아무것도 하고 싶지 않은 존재에겐 위로다.

어렸을 땐 텔레비전을 너무 많이 본다고 혼났는데. 이제는 알아서 텔레비전과 멀어진 내 삶이, 의도치 않게 진지해진 것 같아

화들짝 놀랐다. 늦은 밤의 힘 빼기가 계속되어야 하는 이유다. 오늘 밤도 그렇게, 어쩌면 누구보다 외로울지 모르는 텔레비전과 잠시라도 함께해야지. 세상 돌아가는 이야기나 같이하면서.

ㅏ···                    # 다 날씨 때문이다                    ··· ㅠ


"오늘 출근길은 바람이 매섭게 불겠습니다. 체감 온도는…"

"오늘은 폭염에 유의하셔야겠습니다. 한낮 기온은…"


출근하는 우리는 날씨에 민감하다. 그것을 아는지 방송사도 매일 출퇴근길을 걱정해준다. 대한민국 월급쟁이 1800만 명은 날씨 뉴스에 귀를 쫑긋한다. 직장으로 향하는 길이, 집으로 돌아가는 그 길이 그리 특별한가 보다. 하긴 사무실을 들어서면 시작되는 똑같은 일상보다는 날씨와 함께하는 출퇴근길이 좀 더 변화무쌍하다. 햇살이 좋으면 어디론가 떠나고 싶고, 비가 오면 부침개가 떠오르며, 추운 바람엔 가족이 있는 따뜻한 집으로 향하고 싶다.

날씨 덕분에 원활한(?) 직장 생활이 가능하기도 하다. 딱히 떠오르지 않는 아침 인사를 대신할 때나 잘 모르는 다른 부서 사람과 엘리베이터에서 마주쳤을 때 유용하다.

"오늘 정말 춥죠?"
"오늘 정말 덥죠?"

이 한마디면 웃으며 대화할 수 있다. 그냥 입 다물고 있기엔 멀뚱하고 대화하기엔 짧은 순간에 날씨는 그렇게 서로를 이어준다. 어색하지 않게 그 순간을 잘 모면했다는 안도감도 선사한다.

최강 한파가 찾아오면 사람들의 발걸음은 총총하다. 사람이 옷을 입은 것인지 옷이 사람을 집어삼킨 것인지 모를 만큼 얼굴마저 꽁꽁 감싼 직장인들은 저마다의 밥줄을 찾아가느라 분주하다. 사람들은 입김을 드러낸다. 숨 쉬는 존재라면 입김이 나오지 않을 리 없다. 연료를 활활 태워 연기를 뿜으며 앞으로 나아가는 기차같이, 사람들은 저마다의 에너지를 태워 입김을 뿜으며 나아간다.

최강 폭염 속에서 사람들의 움직임은 휘늘어진다. 걸친 옷은 거추장스럽고, 땀은 끝도 없이 흘러내린다. 우리 몸의 60~70퍼센트를 차지하고 있는 게 물이라는 걸 몸소 깨닫는다. 시원한 내 자리가 최고라며 사무실을 그리워하고 에어컨을 발명한 사람에게 감사한다.

날씨 앞에 우리는 참으로 정직한 것이다. 추우면 입김을 내보내고, 더우면 땀 흘리니까. 아무리 사회적 가면으로 얼굴을 가리고 있어도 숨길 수 없다.

날씨와 관계없이 출퇴근하는 건 직장인의 숙명이다. 날씨와 관계없이 월급을 받으려면 말이다. 결국 기온도, 비도, 바람도 누군가의 생존을 막을 수는 없다. 자신을 위해서든 가족을 위해서든 아니면 마지 못해서든 출퇴근하는 모든 존재에겐 이유가 있을 테니까.

날씨로 시작해 생존이라는 거창한 말을 끄집어내고 내가 출근하는 이유까지 되새기게 되었다.

그건… 순전히 오늘 날씨 때문이다.

# 세상은 각박한데
# 사무실은 고요하다

각박하다. 뉴스가, 세상 돌아가는 모양새가. 경제 상황은 언제나 힘들고, 사건 사고는 끊이질 않는다.

누군가의 죽음은 쉽게 잊히고, 누군가의 죽음은 오랜 시간 회자된다. 누군가의 죽음이 법을 바꾸기도 하고 온 나라 사회 구성원들의 인식을 바꾸어놓기도 한다.

사고가 터지고 나서야 수습책이 나온다. 미리 대비했어야 했다는 자성의 목소리와 이때다 싶어 상대방을 공격하는 '내로남

불'의 정치 군상들이 고개를 치켜든다. 뉴스는 그렇게 정형화되어 있다. 새롭지도 않다. 다만 그 대상이 누구인지가 관건. 나일 수도 있고, 내 주위의 사람일 수도 있다.

세상은 그렇게 각박한데 사무실은 고요하다.
아니, 다른 방식으로 각박하다.

누군가는 목숨을 잃고 어디선가 빌딩이 무너져도 안타까워할 여유도 없이 눈앞의 보고서에 열중한다. 당장 월급이 끊기지 않았고, 내가 있는 곳이 무너지지 않았으며, 내 주위 누군가가 끔찍한 일을 당하지 않았기에. 내 주위의 모든 것은 아직 '뉴스거리'가 아닌 것이다. 그보다는 '누가 퇴사를 했다더라, 누가 어떤 상사에게 깨졌다더라' 등이 더 신선한 뉴스다. 나름의 각박함이다.

누군가 사이렌을 울리며 달려갈 때, 난 상사가 지시한 출력물을 가지러 뛴다. 이 순간만큼은 그보다 급한 일이 없다. 혹여나 컬러 프린터기 앞에 사람이 많을까 하는 걱정, 그래서 상사가 원하는 시간에 제출하지 못해 이런 것 하나 제대로 못 하냐는 소리를 들을까 싶은 두려움. 생명을 구하러 가는 급박함만큼이나 출력물을 향해 뛰어가는 다급함도 절실하다. 이 역시 생존과 관련되어 있기 때문이다.

각박한 세상에 무심한 직장인은 그렇게 각박하다. 그 각박함이 본인의 의지가 아니라는 게 더 각박하다. 보고서 하나로, 출력물 하나로 인정받아야 하는 매일의 삶이 각박하니, 각박한 세상을 바라보지 못할 만큼 각박해진 것이다.

그러니 우리 서로에게 각박하다고 탓하지 말자.

그건 너무 각박한 처사다.

# 양손 무겁게 집에 들어가는 길이 ... ㅠ
## 참 좋다

애매한 야근.

퇴근 시간은 이미 지났고 야간 교통비가 나올 시간은 한참 남았다. 퇴근 시간을 넘겨버린 그 순간부터 몸은 힘들다고 아우성이다. 저녁을 거른 덕분에 남아 있는 힘도 없다. 끼니를 때우고 싶다는 생각보단 그 시간에 기어서라도 집에 가고픈 심정이다.

회사 문을 나서면 고뇌는 시작된다. 전철을 탈까. 택시를 탈까. 이렇게 고생한 나 자신에게 택시 한 번은 탈 수 있게 해줘야 하는 것 아니냐며 내 안의 내가 말을 한다. 또 다른 나는 답한다. 전철이 끊긴 것도 아니고 그냥 하던 대로 하면 되지 갑자기 웬 택시 타령이냐고. 그러자 오늘은 저녁도 먹지 못했고, 전철역까지 걸어가서 한 번 더 갈아타야 하는 걸 모르냐며 한쪽 목소리가 다시 커진다. 아니, 1250원이면 갈 거리를 12000원, 그러니까 굳이 10배를 주고 가야 하냐며 다른 목소리가 커져 서로 아웅다웅한다.

그러는 사이 발걸음은 전철역으로 향한다. 사실 한 달에 택시 몇 번 탄다고 가계가 흔들릴 정도는 아니다. 그럼에도 월급쟁이는 오늘도 전철을 택한다.

들어가다 문득 아이들이 먹고 싶다던 것이 떠오른다. 어떤 때는 과일이고 어떤 때는 치킨이나 과자다. 어느 것이든 고르고 나면 몇만 원이 훌쩍 넘는다. 하지만 지갑이 쉬이 열린다. 그것을 한 손, 또는 양손에 들고 들어가는 그 길이 나는 참 좋다.

그리 잘난 것 없는 가장일지 몰라도 그 순간만큼은 정말로 내가 누군가를 먹여 살리고 있다는 생각이 든다. 사들고 들어간 간식을 옹기종기 모여 맛있게 먹는 가족들의 모습에서, 난 또다시 에너지를 얻는다. 택시를 타지 않고 전철 타기를 잘했다는 뿌듯함과 함께, 고달팠던 하루는 그렇게 웃음 지으며 마무리된다.

# 회사에는
## 보이지 않는 신호등이 있다

앞차가 머뭇거렸다.

그 순간이 답답해 나는 경적을 짧게 울리고, 차선을 바꿔 앞
서 달렸다. 그 차를 뒤로하니 답답했던 마음이 조금은 후련해졌
다. 그런데 곧 신호등을 만나 멈춰 섰다. 내가 앞질러 온 그 차는
그 속도 그대로 달려와 나와 같은 선상에서 멈췄다. 거참 머쓱
했다.

도로 위를 달리는 차를 보며 일하는 것도 비슷하다고 생각했

다. 각자의 차는 각자의 목표를 향해 달려간다. 그 속도는 제각 각이다. 운전 기술도, 차종도, 배기량도 다르다. 한 가지 공통점 은 누구 하나 느리게 가고 싶은 사람이 없다는 거다. 조금이라도 더 빨리 도착 지점에 다다르려 안간힘을 쓴다. 빽빽하게 막힌 도 로에서는 마음이 더 조급해진다.

다른 차들을 본다. 주로 나보다 앞서가는 차들이다. 직장에 서도 마찬가지. 나보다 잘 나가거나 먼저 인정받는 사람들이 수 두룩하다. 나는 뭐 하고 있는 건지. 왜 내가 가는 차선만 이렇게 막히는 건지 싶다.

직장 생활에도 '신호등'이 있다. 어제 상을 받은 사람이 오늘 징계를 받기도 하고, 오늘 별 볼 일 없다고 생각했던 사람이 내 일 나보다 인정을 받기도 한다. 돌아보면 나도 그 보이지 않는 신호등에 영향을 많이 받아온 것 같다. 신호 하나 걸리지 않고 때에 맞추어 켜지는 파란불에 신이 나서 속도를 내기도 하고, 사 사건건 걸리는 빨간불 때문에 좌절한 적도 여러 번이었다. 내가 한 것 이상으로 인정을 받을 때도 있었고, 진급에서 누락되는 쓰

디쓴 경험을 하기도 하면서.

이제는 모든 신호에 어느 정도 의미가 있다고 생각한다. '빨간불이면 잠시 쉬고, 파란불이면 속도를 즐길 줄 아는 여유를 가져야지' 하고 마음먹는다. 원래 신호등의 신호는 내 맘대로 되는 게 아니니까. 무리하면 사고가 나고 마니까.

'도로에는 나보다 늦게 가는 바보 또는 나보다 빨리 가는 미친놈만 있을 뿐'이라는 말이 있다. 직장에서는 나보다 늦게 오는 사람은 보지 못한다. 오직 나보다 잘나가는 사람만 보일 뿐. 그러다 늦게 오던 사람이 나보다 더 잘나가면, 그 순간부터 그 사람은 또 잘나가는 사람이 되는 것이다. 그러다 다음 신호에 맞추어 순서가 재조정되기도 한다.

그러니까 조급할 필요가 없는데.
그러니까 조급함을 버리면 되는데.
'조급함을 버려야지' 하면서도 그게 참 쉽지 않다.
삶의 운전대를 잡은 우리 모두가 그렇지 않을까.

# 평일 낮의 거리에서
# 이방인이 되다

하루 휴가를 냈다.

평일 오후 2시. 월급을 받으려면 사무실에 앉아 있어야 하는 시간. 평소라면 보고를 하거나 회의를 하고 있을 시간. 그래서인지 거리도 세상도 다 낯설었다. 나는 마치 알을 깨고 나와 세상을 처음 본 존재인 양 주위를 두리번거렸다.

평일 이 시간에 이처럼 많은 사람이 거리에 있다니. 사람들은 그야말로 여유로우면서도 분주했다. 하루 중 가장 큰 과제인

점심식사를 해결한 사람들. 그 점심은 오후 2시를 이어가는 힘이 된다. 누군가는 쇼핑을 하고, 누군가는 짐을 나른다. 또 누군가는 책을 읽고, 다른 누군가는 친구와 수다를 떤다. 새삼, 돌아가는 모든 것들이 신기하다.

평일 오후 2시의 거리가 이리도 낯설고 특별하게 느껴질 줄 누가 알았을까. 신입 사원 때는 외근이 잦았는데, 임산부 눈에 임산부만 보이듯이 그때는 두 어깨에 실적 목표를 짊어진 나 같은 직장인만 눈에 띄었다. 어깨에 멘 가방. 다른 쪽 팔과 몸 사이에 끼워놓은 카탈로그. 45도 기울어진 고개와 한쪽 어깨 사이에 아슬하게 걸쳐놓은 전화기. 구두 뒷굽은 닳아 있고, 땀범벅이 된 와이셔츠는 여지없이 등짝에 달라붙어 있었다.

나는 마주하는 그들에게 눈빛으로 안부를 전했다.
말없이 서로의 고충을 나눴다.
지금 흘린 땀이 훗날 우리의 미래가 될 거라고.

날씨는 덥고 습도도 높아 후덥지근한 오후 2시였던 걸로 기억한다. 그 생각을 하니 입 한쪽이 씰룩거린다. 안부를 건네었던 그 사람들은 지금 무얼 하고 있을까. 나는 무얼 하고 있는가.

테이블 위에 놓인 컵을 들어 차 한 모금을 마신다. 카페의 음악은 감미롭고, 햇살은 적당하게 빛난다. 테이블 위 노트북엔 쓰다 만 글과 회사 이메일이 함께 열려 있다. 휴가 중의 오후 2시와 지난날의 오후 2시 사이에서 나는 그렇게 앉아 있었다. 낯선 이방인처럼.

# 위하여!

나는 술을 좋아하지 않는다. 몸에 잘 받지도 않을뿐더러 맛도 모르겠다. 혹자는 술맛을 모르는 건 인생의 쓴맛을 모르는 것과 같다고 하는데, 내 인생을 술에 빗대면서 왈가왈부하는 사람들을 나는 술보다 더 싫어한다. 대개 그러한 부류의 사람들은 술을 강권한다. 술을 마시지 않으면 분위기를 깨는 것처럼 몰고 가 기어코 술잔을 들이민다. 그건 장기를 멍들게 하는 폭력이다. 못 먹는 술을 마시고 속에 있는 모든 것을 게워내야 하는 누군가의 아픔을 아랑곳하지 않는 폭력. 술잔을 들이미는 사람은 그게 폭력인지 모른다.

술은 입술과 먼저 만난다. 혀를 타고 들어가 목구멍으로 넘어
간다. 그 휘발성 액체는 목줄을 타고 장기에 도달한다. 쓰다. 무
색무취의 형태로 들어가도 역한 알코올 냄새로 거슬러 올라온
다. 알딸딸한 기운이 몸을 감싸는 것이 그리 기분 나쁘지만은 않
다. 하지만 어느샌가 술이 술을 먹는다. 술을 좋아하지 않는 나조
차 그 순간을 느낀다. 도통 마음에 들지 않는다. 무언가에 주도권
을 내어준 기분이다. 맛도 없는데, 기분도 좀 그렇다.

그럼에도 술은 위로다. 술을 그리 좋아하지 않는 나도 극도
의 스트레스를 받으면 술 한잔 마시고 뻗어버리고 싶다. 그럴 때
회식이라도 잡히면 조금만 술을 마셔도 많이 비틀거린다.

어렸을 때는 길거리에서 술에 취해 비틀거리는 직장인들을
극도로 싫어했다. 추해 보이고, 자기 자신 하나 가누지 못하는
그 모습이 무책임해 보였기 때문이다. 그런데 지금은 격하게 이
해한다. 그것은 힘든 세상을 살아나가기 위한 절실한 춤사위다.
의도적으로라도 비틀거려보면 많은 것들을 떨칠 수 있다. 나를
짓누르고 있던 것들, 뭐든지 잘해야 한다는 압박감, 내 몸에 덕

지덕지 붙어 있던 다른 사람들의 시선들. 내 운명을 한탄하며 하늘을 향해 쏘아댈 수 있는 몇 안 되는 기회이기도 하다.

회식이 있던 날. 대학생으로 보이는 아르바이트생이 우리에게 '숙취해소제'를 건네면서 프로모션 기간이라 무료로 나눠주는 것이라는 말을 숫기 없게 던지고 돌아섰다. 숙취해소제라. 헛웃음이 나왔다. 직장인에겐 숙취해소제가 어느새 필수 아이템이 되었는데, 그렇다면 직장인 모두는 숙취로 고생한다는 뜻이고, 모두가 고생한다는 건 자발적으로 마신다기보단 마셔야 하니까 마시는 사람이 나 말고도 더 있다는 뜻이다.

그런 우리를 위해 삼행시와 함께 건배사를 올린다.

직: 직장인이라서 힘들죠?
장: 장난 아니죠?
인: 인생 뭐 있나요. 우리 모두의 건강을,

"위하여!"

# 끝없이 허기지다고
# 마음이 아우성친다

"요즘 살 좀 쪘네?"

"어? 살 좀 빠졌는데?"

회사에서 오랜만에 보는 사람들의 인사는 둘 중 하나다. 그러면 나는 "쪘다 빠졌다 왔다 갔다 해요"라고 한다.

살이 쪘다는 소리를 들으면 기분이 썩 좋지 않다. 어제 참지 못하고 먹고 잔 라면을 증오한다. 반대로 살이 좀 빠졌다는 소리를 들으면 어제 저녁을 거르길 잘했단 생각을 한다.

과학적 근거는 없지만, 대개 남자는 두 번 크게 살찐다. 처음
엔 입사해서고 그다음은 결혼해서다. 과학적 근거는 없다고 했
지만, 실제 사례는 주위에 차고 넘친다. 나만 해도 그렇다. 회사
에 다니면 운동 부족과 스트레스, 회식과 같은 잦은 술자리로 몸
무게가 늘고 배도 부지런히 나온다. 결혼을 하면 더 찐다. 신혼
땐 맛집 투어를 다니기 마련이고 장모님의 요리 선물이 이어진
다. 육아가 시작되면 주말에도 피곤해서 아이들과 먹고 자고를
반복한다. 가끔은 내가 나를 사육하고 있단 생각마저 들 정도다.

더 심각한 건 폭식이다. 자도 자도 졸린 것처럼, 먹고 먹어도
뭔가 당긴다. 분명 배는 부른데 여기저기에 손이 간다. 짠 걸 먹
으면 단 걸 먹고 싶고, 단 걸 먹고 나면 매콤한 게 당긴다. 매콤한
걸 먹으면 상큼한 게 떠오르고, 상큼한 걸 먹으면 고소한 게 먹
고 싶다.

과학자들은 이런 나에 대해 아주 상세하게 분석해놓았다. 스
트레스를 받으면 세로토닌의 수가 줄어들기 때문에 그 분비량을
늘리기 위해 배고픔을 유발한다고. 다른 말로 하면 '정서적 허기'

다. 정신의학자 로저 굴드(Roger Gould)는 실험을 통해 무기력증에 걸린 사람들이 탐욕스러운 허기를 보인다는 것을 발견했다. 결국 폭식이나 탐식은 먹는 문제가 아니라 마음의 문제라 결론지은 것이다.

그래.

어쩌면 폭식은

마음이 끝없이 허기지다고 아우성치는 신호일지 모른다.

내가 채워야 하는 건 뱃속이 아니라

회사에서 탈탈 털린 영혼과 자존감,

그러니까 마음이 아닐까.

## 천천히 걷는 퇴근길

하루가 벅찼다.

이 일을 끝내고 저 일을 하는 수준을 넘어서, 이 일이 끝나지도 않았는데 저 일이 치고 들어왔다. 나와 상관없는 일이었는데, 누군가의 부재로 넘어오기까지. 화장실을 가야 할 순간이 와서야 내가 한참을 일어나지 않았다는 것을 깨닫는다. 물 마실 시간도 없이 계속 일을 했으니. 이럴 줄 알았으면 담배라도 배워둘걸. 금단 현상이 모니터로 빨려 들어가는 나를 조금은 더 자주구해주지 않았을까.

직장인의 하루가 그렇지 뭐. 아침엔 시간에 쫓기고, 낮엔 일에 떠밀리고. 밤이라고 다를까. 일을 마치고 싶지만 낮에 회의 때문에 들여다보지 못한 업무와 시차가 다른 해외법인의 연락이

밖이 어둑어둑하도록 나를 붙잡는다. 저녁을 먹지 못해 손이 떨릴 때쯤 당을 찾아 주변을 두리번거린다. 거들떠보지도 않던 과자 쪼가리를 한 입 베어 물면 그게 그렇게 위안이 된다.

별이 잘 보이지 않는 서울 하늘.

늦게 퇴근하면 별을 보는 보람이라도 있어야 하는 데 안타깝다. 그래서일까. 발걸음이 빨라졌다. 버스를 탈까. 전철을 탈까. 전철을 타면 깊숙이 내려가는 계단이 꽤 길다. 버스를 타자니 길을 건너야 한다.

가만. 내가 왜 이렇게 서두를까. 오늘 하루 충분히 바쁘게 살았는데. 촌각을 다투며 매 순간 '빨리빨리'를 외쳤다. 무언가에 쫓기듯 출근하고, 무언가에 쫓기듯 일하고, 무언가에 쫓기듯 밥을 먹었는데 퇴근이라도 좀 천천히 하면 안 될까. 발목과 종아리, 허벅지에 힘을 뺐다. 버스를 타든, 전철을 타든 순전히 발길 닿는 대로 가기로 마음먹었다. 주변이 보인다. 마음이 좀 편안해진다. 그러고 보니 나의 퇴근길엔 한강이 있었다. 강바람이 기분 좋게 얼굴을 스쳤다.

퇴근길은 온전히 나의 시간이다.

직장에서 있었던 좋고 나쁜 일의 기억 보따리를 안고 가긴 하지만 걸음의 속도를 줄이니 그것도 온전히 내 것이 되었다. 왜 진작 이러지 못했을까. 하루 중 혼자 있을 수 있는 시간은 얼마 없다. 직장과 가정은 모두 공동체 생활이다. 퇴근길만큼 혼자임을 만끽할 시간이 또 있을까. 이렇게 생각하니 조급함도 사라졌다.

일상을 여행처럼, 여행은 일상처럼 하라고 했던가.

버스를 기다리는 시간, 그 사이사이 눈을 감아보았다. 여행지의 어딘가에서 잠시 마음을 가다듬고 눈을 감는 것과 무슨 차이가 있을까. 주변이 어떠하든 결국 잠시 눈을 감는 것은 나다. 애써 푸른 바다를 연상하지 않는다. 그냥 나 자신을 느끼고, 심호흡을 크게 해본다. 오늘이라는 여행을 잘 마쳤다. 잘 해냈다. 그것으로 족하다고, 스스로를 자랑스럽게 여기며 천천히 걸어간다.

# 오늘도 출근하는 나에게

| | |
|---|---|
| 초판 발행 | 2024년 7월 1일 |
| 지은이 | 스테르담 |
| 펴낸곳 | 다른상상 |
| 등록번호 | 제399-2018-000014호 |
| 전화 | 02)3661-5964 |
| 팩스 | 02)6008-5964 |
| 전자우편 | darunsangsang@naver.com |

ISBN    979-11-93808-06-1 03190

이 책은 『오늘도 출근을 해냅니다』의 개정판입니다.

독자 여러분의 책에 관한 아이디어나 원고 투고를 설레는 마음으로 기다리고 있습니다.
이메일로 간단한 개요와 취지, 연락처를 보내주세요. 독자님과 함께하겠습니다.